1 MONTH OF
FREE
READING

at

www.ForgottenBooks.com

By purchasing this book you are eligible for one month membership to ForgottenBooks.com, giving you unlimited access to our entire collection of over 1,000,000 titles via our web site and mobile apps.

To claim your free month visit:
www.forgottenbooks.com/free395506

ISBN 978-0-266-98633-1
PIBN 10395506

This book is a reproduction of an important historical work. Forgotten Books uses
state-of-the-art technology to digitally reconstruct the work, preserving the original format
whilst repairing imperfections present in the aged copy. In rare cases, an imperfection in
the original, such as a blemish or missing page, may be replicated in our edition. We do,
however, repair the vast majority of imperfections successfully; any imperfections that
remain are intentionally left to preserve the state of such historical works.

DE LA NOTION

DE

CONTREBANDE DE GUERRE

THÈSE POUR LE DOCTORAT

présentée et soutenue le Mercredi 5 Juin 1907, à 1 heure

PAR

MICHEL FLOURENS

DIPLOMÉ DE L'ÉCOLE DES SCIENCES POLITIQUES

Président : M. RENAULT.

Suffragants : { MM. LESEUR, *professeur.*
{ G. DE LAPRADELLE, *chargé de cours.*

PARIS

LIBRAIRIE NOUVELLE DE DROIT ET DE JURISPRUDENCE

ARTHUR ROUSSEAU

ÉDITEUR

14, rue Soufflot, et rue Toullier, 13

—

1907

THÈSE

POUR LE DOCTORAT

UNIVERSITÉ DE PARIS — FACULTÉ DE DROIT

DE LA NOTION

DE

CONTREBANDE DE GUERRE

THÈSE POUR LE DOCTORAT

L'ACTE PUBLIC SUR LES MATIÈRES CI-APRÈS

Sera soutenu le Mercredi 5 Juin 1907, à 1 heure

PAR

Michel Flourens

DIPLOMÉ DE L'ÉCOLE DES SCIENCES POLITIQUES

Président : M. RENAULT.

Suffragants : { MM. LESEUR, *professeur.*
{ G. DE LAPRADELLE, *chargé de cours.*

PARIS

LIBRAIRIE NOUVELLE DE DROIT ET DE JURISPRUDENCE

ARTHUR ROUSSEAU

ÉDITEUR

14, rue Soufflot, et rue Toullier, 13

1907

INTRODUCTION

—

Quant un conflit éclate entre deux nations, parmi les points à considérer, il en est un d'une importance toute spéciale en ce qu'il intéresse non seulement les belligérants, mais encore les États neutres et leurs ressortissants.

Le but de cette étude sera d'essayer de dégager, après avoir défini la notion de contrebande de guerre, quelques uns des problèmes les plus importants se rattachant à cette question, problèmes qui sont actuellement, on peut le dire, à l'ordre du jour.

Cette notion n'est point de celles dont on puisse, à proprement parler, observer l'évolution dans un exposé chronologique des faits, traités ou conventions ni dans les législations internes des États.

Ce n'est guère que dans la doctrine que des progrès ont été réalisés. Cependant il serait grand temps de ne plus s'en tenir à de simples projets et d'améliorer également, dans la pratique, le sort réservé au commerce des neutres.

Mais quel serait le moteur assez puissant pour saper,

dans sa base, la politique égoïste des nations et leur imposer une règle nouvelle sur cette grave matière

Seul, le développement des relations économiques pourra amener un pareil résultat. Un conflit sur quelque point que ce soit du globe, intéresse actuellement au plus haut point le commerce des grandes puissances et ne laisse guère d'indifférents.

Une guerre en Extrême-Orient n'eut préoccupé, il y a environ un siècle, que bien peu de commerçants sur notre vieux continent. De nos jours, ses conséquences se font sentir au point qu'elles risquent de provoquer une conflagration générale entre puissances, pour la sauvegarde de leurs intérêts commerciaux, c'est-à-dire vitaux.

Je me réserve de parler ultérieurement de cette répercussion des intérêts commerciaux, sur la liberté du commerce des neutres et sur la notion de contrebande de guerre.

Certaines grandes puissances retiraient un grand avantage à laisser régner sur cette question, une confusion qui leur permettait de régler les choses au mieux de leurs intérêts. Elles s'opposaient de toute leur énergie à une réglementation internationale de cette matière. Mais leur intérêt s'est quelque peu modifié. Comme leur refus d'engager aucune négociation, de conclure aucune entente ou d'entrer en discussion à ce sujet, était le principal, pour ne pas dire l'unique obstacle au développement juridique de cette notion, à l'introduction de principes clairs et précis, définissant nettement les droits des neutres et des belligérants, il y a lieu d'espérer, sinon une solution complète de la question, du moins une entente sur quelques-uns des points les plus importants.

Jusqu'ici, la théorie de la contrebande n'a eu pour seul guide que l'intérêt des nations, leur intérêt du moment.

Vaincre son adversaire par tous les moyens, même en l'affamant et se débarrasser de la concurrence commerciale de ses rivaux, puis se déjuger et adopter en tant que neutre des théories diamétralement opposées, telle a été, dans bien des cas, la règle de conduite des grandes puissances.

Nous assistons à des revirements soudains. A la proscription totale du commerce, proclamée par telle législation, succède chez le même État, la défense énergique de la liberté commerciale des neutres.

En voici quelques exemples typiques :

Alors que le gouvernement français, durant son conflit avec la Chine, en 1884-1885, décrétait le riz, contrebande de guerre, se fondant sur la théorie de Grotius qui dit : « Si je ne puis me défendre qu'en interceptant les choses envoyées à mon ennemi, la nécessité me donne le droit de le faire, à moins qu'une autre cause n'intervienne », théorie sur laquelle est basée toute la jusisprudence de la Grande-Bretagne. Celle-ci protesta et déclara qu'elle ne pouvait admettre cette façon de voir. « Le Gouverne-

« ment de Sa Majesté ne peut admettre, que conformé-
« ment au droit des neutres, les vivres en général soient
« considérés comme contrebande de guerre. Le Gou-
« vernement de Sa Majesté ne conteste pas que, dans
« des circonstances spéciales, les vivres puissent avoir
« ce caractère, par exemple s'ils étaient directement
« dirigés vers la flotte d'un belligérant... Mais le Gou-
« vernement de Sa Majesté ne peut admettre que si ces
« vivres sont dirigés vers un port d'un belligérant et
« même un port militaire, ils soient nécessairement con-
« sidérés comme contrebande de guerre (1). »

Or, en l'occurence, le gouvernement Britannique ne faisait que reprendre la thèse que les Etats-Unis lui avaient opposée en 1794, au moment où, en guerre avec la France, il avait décrété les vivres contrebande de guerre.

Que penser de l'attitude de la Russie, dans son récent conflit avec le Japon? Elle s'était montrée, en 1766 et en 1780, ardente promotrice de la liberté commerciale des neutres, et, par un changement absolu de politique, elle adopta les théories inverses, allant même jusqu'à supprimer la notion de contrebande conditionnelle pour étendre davantage les limites de la contrebande absolue y comprenant les vivres, le charbon, le coton. etc., cette attitude devait, du reste, lui attirer les

---

(1) 27 février 1884 — *Hostilités entre la France et la Chine*, 1884-1885. M. Takahastchi. *Revue de Droit international et de Législation comparée*, 1901, p. 489 et s.

représentations de ce même gouvernement Britannique.

Voici un passage de la dépêche de sir Ch. Hardinge au marquis de Landowne, lui relatant son entretien avec le comte Lamsdorff, à ce sujet.

« Itold him that it was impossible for His Majesty's
« Government to admit that a belligerent had the right
« to extinguisch Bristish trade with a country at war
« when that trade was of a peaceful character, or that
« coal should be regarded as contraband irrespective of
« whether it was destined for the belligerent forces of
« the enemy. I referred to the déclaration made by
« Count Kapnitz at the West African Conférence at
« Berlin in 1884 » (1).

Dans ces deux occasions, l'Angleterre se présentait donc comme champion des neutres. Mais en agissant de la sorte, son but était loin d'être désintéressé. Le

_____

(1) Correspondance respecting contraband of war in connection with the hostilities between Russia and Japan. Dépêche sir C. Hardinge tho the marquess of Lansdowne (september 24), page 21, nº 33.

Voir également page 13, nº 21, dépêche du marquis de Lansdowne à sir Ch. Hardinge. « I May here call your attention to the fact that this treatment of coal as unconditionnally contraband is diametrically opposed to the déclaration made at the West African Conférence, held at Berlin in 1884, by the Russian plénipotentiary, whostated that his instructions were peremptory, and that his Government refused catégorically to consent to any Treaty, Convention, or Déclaration of any kind which would imply the recognition of coal as contraband of war. »

motif de ses représentations au gouvernement français, tenait à cette simple cause : le transport du riz des provinces du Sud de la Chine, était affermé aux compagnies anglaises Jardin, Matheson et Batterfield. Ses réclamations, lors de la publication du règlement des prises russes, étaient fondées sur ce que, comme le fit remarquer sir C. Iardinge au comte Lamsdorff (1), la Grande-Bretagne fournissait dans une large mesure le charbon au Japon et que l'Inde était la plus grande importatrice de coton brut de cette puissance. Mais ces mesures qu'elle blâmait tant chez ses voisins, l'Angleterre les avait cependant décrétées elle-même dans ses « orders in council ». Et la boutade de M. Lawrence, sur l'extension de la liste des objets prohibés comme contrebande de guerre, par le gouvernement russe, ne s'applique que trop bien aux procédés suivis par la Grande-Bretagne.

« We have already seen what lengths the process may be carried. At one time : rice equals money, money when the property of the state is contrabande. Therefor rice when the property of the state is contrabande. At another time it is cotton equals money... » (2).

Les gouvernements s'émurent fréquemment de la situation intolérable faite au commerce neutre en temps

(1) *Inclosure*, p. 24, nº 37, sir Ch. Hardinge to count Lamsdorff : Correspondence respecting.

(2) Lawrence, *War and neutrality in the far east*, p. 173 et 174.

de guerre, mais ils ne purent arriver à une entente durable. Aussi voit-on se greffer, sur chaque conflit armé, des menaces d'autres conflits entre puissances neutres et belligérantes, celles-ci ou celles-là ayant toujours quelque motif de plainte, celles-ci partant d'un principe, celles-là d'un autre.

L'attitude de l'Angleterre à l'égard des vaisseaux neutres, lors des hostilités dans le Sud de l'Afrique et enfin les récents événements dont l'Extrême-Orient fut le théâtre, ont montré qu'il n'était pas sans danger de laisser en suspens la question de la contrebande de guerre et qu'une solution s'imposait.

Le premier, l'Institut de Droit International eut le mérite de grouper les efforts, et mettant en présence les opinions contraires, les discutant, d'arriver à établir un juste compromis ; grâce à ses travaux, la question a fait un grand progrès.

La Conférence de la paix, tenue à La Iaye en 1899, s'était également occupé de cette matière et avait émis le vœu suivant dans son acte final :

« Que la question des droits et des devoirs des neutres soit inscrite au programme d'une prochaine conférence. »

De même les plus ardents défenseurs des droits des belligérants reconnaissent actuellement la nécessité d'un accord sur ce point. Iolland (1), entre autres,

(1) *Les devoirs des neutres dans la guerre maritime et les*

qu'on ne peut suspecter pourtant d'être un partisan d'une réglementation stricte de cette notion, admet cependant « qu'une partie du droit international, que mentionne la Conférence de La Iaye, réclame plus que tout autre, un nouvel examen et une nouvelle formule ».

Lors de la guerre russo-japonaise, le président Théodore Roosevelt prit en mains la cause des neutres ; il avait invité les nations à une conférence où cette cause eût été discutée. Devant le désir exprimé par le tsar Nicolas II, de conserver l'initiative d'une semblable conférence, le président des États-Unis retira sa proposition.

Ainsi les conflits armés qui ont failli surgir durant les hostilités en Extrême-Orient, ont donné à cette question un regain d'actualité : elle figure, du reste, au programme de la nouvelle conférence, à laquelle la Russie a convié les puissances.

« Tant que les États civilisés ne se seront pas entendus sur les articles qui doivent être considérés comme objets de contrebande de guerre, le droit sur cette matière ne sera pas fixé, et la question restera aussi longtemps un sujet de controverse, qui éclatera chaque fois qu'il y aura une guerre. Le seul moyen, pour écarter une violation du droit, serait une conven-

événements récents, par Thomas Erskine Holland. (R. D. I., année 1905.)

tion signée par tous les États, et énumérant les choses,
qui doivent être, à l'exclusion de toute autre, considérées comme contrebande (1). » Cette convention
dont parle M. Kleen, ne restera plus longtemps, espé-
rons-le, à l'état de simple projet.

Après avoir défini la notion de contrebande de guerre
telle qu'elle est admise de nos jours, je me réserve de
considérer son évolution dans l'histoire, tant au point
de la pratique que de la doctrine ; puis j'aborderai
quelques problèmes qui se sont posés à ce sujet et je
m'efforcerai de démontrer, en dernier lieu, la nécessité
de résoudre promptement les difficultés soulevées par
son application et cela pour le maintien de la paix du
monde.

---

(1) Kleen. *Lois et usages de la neutralité*, t. 1er, p. 57.

PREMIÈRE PARTIE

CHAPITRE PREMIER

NOTION GÉNÉRALE DE CONTREBANDE DE GUERRE

I. — FONDEMENT ET NATURE DU FAIT DE CONTREBANDE.

Lorsque éclate un conflit entre deux puissances, elles sont en droit d'exiger des Etat neutres, l'observation d'une neutralité absolue, c'est-à-dire qu'ils s'abstiennent et soient impartiaux. Il semble que ce dut être là les seules garanties qu'elles eussent à réclamer, cependant il n'en est rien. Les neutres du fait de l'interdiction du transport de la contrebande de guerre, et du point de vue, d'où les belligérants se sont placés pour l'élaborer, tout à leur avantage d'ailleurs, voient une atteinte grave portée à leurs relations économiques avec l'un ou l'autre des belligérants et quelquefois même entre eux.

Pour définir clairement le droit des neutres, et montrer de quelle façon il eut fallu procéder pour régler cette question, nous citerons ces deux opinions autorisées.

1° « La base du Droit international est l'indépendance réciproque des peuples, et par conséquent la liberté absolue de la navigation et du commerce de tous : les restrictions apportées par l'état de guerre à ce principe fondamental, les devoirs que cet état impose aux neutres sont seulement des exceptions et par conséquent, doivent être restreints dans les limites exactes de la loi qui les a créés (1). »

2° « La prohibition de la contrebande de guerre implique un empiètement des plus graves sur les droits naturels des états pacifiques. Tant que ceux-ci ne lèsent aucun droit des belligérants et restent étrangers à leur différend, ils devraient, semble-t-il, conserver intact leur droit de continuer à entretenir des relations pacifiques avec chacun des belligérants et par suite leur libre commerce (2). »

---

(1) Hautefeuille. *Du droit et des devoirs des neutres en temps de guerre maritime*, 3ᵉ édit., t. III, p. 331.

(2) Kleen *De la contrebande de guerre et des transports interdits aux neutres*, p. 44.

Ces deux citations font nettement ressortir ce fait trop souvent ignoré, c'est que les neutres subissent une restriction à leur commerce pour le plus grand profit des belligérants, alors qu'ils ne devraient point être lésés par un conflit auquel ils sont absolument étrangers ; il serait plus juste de parler des obligations des états belligérants à l'égard des neutres, obligation dont la première serait de ne point prohiber le trafic de marchandises qui n'ont pas un caractère absolument belliqueux. Mais il n'en a rien été, et les publicistes, les états en guerre ne parlent que des droits que confère la qualité de belligérants, des actes que les nécessités de la guerre leur permettent d'accomplir au détriment des neutres et la pratique a si bien confirmé cet empiètement, qu'il en est résulté un droit indiscutable. Ce qui est plus fâcheux encore, c'est le pouvoir que se sont reconnus les États en guerre, de décider dans chaque cas ce qu'ils entendaient considérer comme contrebande, et les neutres ont dû s'estimer heureux, quand les prohibitions, édictées, n'atteignaient pas, comme cela s'est vu quelquefois, la totalité du trafic avec tel ou tel État ; procédé pratiqué par différentes nations, la Iollande et l'Angleterre entre autres.

Un point très discuté tant dans la pratique que dans la doctrine, c'est celui de la nature du fait de contrebande. Doit-on le considérer comme une simple aventure commerciale, ou comme un délit de neutralité. Est-ce une simple aventure commerciale ? Sa seule conséquence serait alors la confiscation en cas de capture, des marchandises prohibées et quelquefois même du navire les transportant. Réussirait-elle ? elle serait licite, échouerait-elle ? elle deviendrait illicite.

Dans cette théorie, la police et la répression appartiennent aux belligérants, l'État neutre n'intervenant en aucune façon pour protéger ses nationaux, qui auraient enfreint les règles portés à leur connaissance par les États en conflit ; l'aventure a donc lieu aux risques et périls du propriétaire des marchandises.

Est-ce au contraire un délit de neutralité ? Il appartient alors à l'État neutre, d'intervenir, de prévenir et de réprimer « dans les limites du possible, sans préjudice des mesures de coercition abandonnées aux belligérants, lesquelles ne doivent jamais dépasser les bornes de la légitime défense » (1).

L'État neutre serait, dans une semblable théorie, responsable vis-à-vis des belligérants des actes de ses sujets. Les deux points de vue ont été soutenus avec une égale ardeur devant l'Institut de Droit international (2).

Je me bornerai ici à exposer des faits et des opinions, me réservant de reprendre ce point important.

En faveur de la première théorie, « Contrebande, aventure », on remarque des publicistes, tels que Lam-

---

(1) Kleen. *De la contrebande de guerre*, p. 46.
(2) *Annuaire de l'Institut de Droit international*, t. XIV et XV.

predi, Vattel, F. G. de Martens ; Westlake entre autres,
ce dernier très catégorique à ce sujet, disant « qu'on
a pas jugé raisonnable ou opportun de considérer les
gouvernements comme obligés d'interdire à leurs nationaux le trafic des munitions de guerre avec les belligérants » (1).

Lawrence également qui se rallie à cette théorie (2),
déclare « qu'il n'est pas utile d'ajouter ce nouveau far-
deau, aux règles de neutralité » (3).

---

(1) Westlake. *Est-il désirable de prohiber l'importation de la
contrebande de guerre*, 1870. Revue de droit international.

(2) Lawrence. — *The principles of international law*, page 603.

(3) Un publiciste américain Hershey dans un récent ouvrage relatif
à la guerre Russo-Japonaise intitulé : *International Law and diplomacy in the russo-japanese war*. s'exprime ainsi sur cette question :
« An Associeted Press dispatch of yuly 1904 stated that Russia had
filed a formal protest against the British shipment of contraband of
war to Japan It was further asserte that the Russia gouvernment had
carefully watched the manufacture of goods intended for use of the
Japanese government ; that as soon as it was established that such
goods were about tu be shipped to a hostile destination the fact were
officially communicated to the British government with a request
that measure be taken to stop the shipments. And that at the close
of the war Russia proposed to present a bill for damage to the British
government..... Similar protest are heard in nearly every war when
ever a trade in contraband of war reaches large dimensions. The
state whose adversary is supplied by means of it is apt to complain.
It reproaches the government of the offendiny vendorswhit neglect of
the duties of neutrality, and argues that friendship and impartiality
alike demand the stoppage of a traffic, Wich supplies ito fœ with
the wants of war. But it invariably receives in reply a riminder
that the practice of nation imposes no such obligation upon neutral
powers, p. 185.

Cette théorie est aussi celle adoptée généralement dans la pratique. Ainsi le traité d'Utrecht, entre autres (1), dispense l'État neutre d'interdire le commerce de contrebande. Si l'on se reporte à l'époque contemporaine, on constate que les États-Unis appliquèrent cette théorie d'une façon systématique pendant la guerre entre le Mexique et le Texas. Le gouvernement américain déclara (8 juillet 1842) que « le commerce d'articles de contrebande se fait aux risques et périls de ceux qui s'y livrent, sous la responsabilité et les peines prescrites par le droit des gens ou par des traités particuliers.... » ; et que, s'il y avait eu réellement commerce d'armes « le gouvernement des États-Unis n'était néanmoins, ni tenu de l'empêcher, ni n'aurait pu l'empêcher sans déroger manifestement aux principes de la neutralité, et il n'est nullement responsable des conséquences ».

Le président Pierce fit au 34e congrès une déclaration analogue.

L'Angleterre s'est rangée à cette façon de voir. En effet, lors d'un différend qui s'éleva à ce sujet entre cette puissance et la Prusse, durant la guerre franco-allemande, le comte Bernstorff, ambassadeur de Prusse à Londres, se plaignit de la vente d'armes faite au gouvernement français et demanda que la Grande Bretagne observât une neutralité plus bienveillante à l'égard de

_____
(1) Dumont. T. VIII.

son pays. Lord Granville répondit à ces représentations par une note, qui pouvait être considérée comme un refus d'acquiescer aux exigences allemandes.

La même représentation faite auprès des États-Unis, eut un résultat à peu près semblable. Seules, les ventes faites par les arsenaux américains aux sujets français furent interdites, mais le commerce privé des armes ne fut pas prohibé. Le gouvernement américain prétendit que ce trafic était légitime, qu'il n'était qu'un simple acte de commerce dont le gouvernement n'avait pas à s'occuper.

C'est, comme dit Barclay, la preuve où en est la question ; aucune règle, en somme, n'existe en droit international (1).

Parmi les partisans de la théorie qui considèrent la contrebande de guerre comme un délit de neutralité, il faut citer Hautefeuille, qui déclare que les peuples doivent s'abstenir de tout commerce impliquant immixtion dans les hostilités et que « la vente des armes, des munitions de guerre..... doit être considérée comme un acte hostile au moins indirect » (2).

L'opinion de Bluntschli est moins claire (3) On y relève de nombreuses contradictions. Il proclame « le transport de la contrebande de guerre interdit »,

---

(1) Barclay. *De la responsabilité des États neutres, relativement aux actes de leurs citoyens.* R. D. I., 1901. p. 623.

(2) Hautefeuile. *Histoire..... du droit maritime*, p. 62-63.

(3) Bluntschli. (*Le Droit international codifié*, p. 424-425-448-454.

(art. 801) ; puis (art. 765), « les gouvernements neutres ne manquent pas à leur devoir, en tolérant le commerce d'objets qui sont considérés comme contrebande de guerre ». Voici donc un passage qui semble reconnaître à l'État neutre le droit de ne pas intervenir ; mais dans l'article 766, il se montre d'un avis opposé. « L'État neutre est tenu de faire son possible, pour empêcher sur son territoire l'exportation *en gros*, d'armes de guerre, lorsqu'il résulte des circonstances, que ces envois constituent un subside de guerre. »

Que faut-il entendre par *en gros* ; l'expression est un peu trop vague.

Nous citerons enfin Kleen, le principal promoteur de cette doctrine. « Tout État neutre doit, non seulement s'abstenir lui-même de fournir aux belligérants, ou à l'un d'eux, des objets de contrebande, mais encore surveiller ses ressortissants et les individus qui se trouvent sur son territoire, afin qu'ils ne leur en fournissent point ; faire interdire par la loi, prévenir et empêcher dans les limites du possible, et punir les délits de contrebande, dans tous les lieux, où s'exerce son autorité souveraine. Les législations nationales sur ces points doivent être identiques (1). »

En ce qui concerne la conduite des puissances à ce sujet, on en constate effectivement certaines, qui prohibent l'exportation de la contrebande de guerre mais

(1) Kleen. Art. 2, § 5, p. 43-44.

ce sont là des prohibitions accidentelles. — La
Suisse (1) entre autres a prohibé officiellement la contrebande de guerre en 1870. De même une proclamation du
28 avril 1878, du gouvernement Portugais interdit le transport de la contrebande de guerre. « Article 5. Est autorisé
le transport sous pavillon portugais, de tous les objets de
commerce licite appartenant à des sujets de l'une ou
l'autre des puissances belligérantes...; sont expressément exclus de la disposition du présent article, les
objets pouvant être considérés comme contrebande de
guerre ; » et l'article 6, vise la sanction à intervenir (2).

Le Brésil a fait une proclamation analogue le
25 avril 1898. (3) « Sera absolument prohibée, l'exportation des articles de guerre des ports du Brésil, pour
ceux de l'un quelconque des belligérants, sous le pavillon brésilien, ou sous celui d'une autre nation. »

La pratique est donc encore loin de reconnaître la
nécessité pour l'État neutre d'interdire à ses sujets le
transport de la contrebande de guerre. Une pareille

---

(1) (V. S. Bury. La neutralité suisse et son observation durant la
guerre actuelle. *Revue du Droit international*... Bruxelles, année
1870, p. 642; *Ordonnance du Conseil fédéral concernant la neutralité*. Art. 2. L'exportation d'armes et de matériel de guerre en général dans les États voisins belligérants est interdit, ainsi que tout
rassemblement d'objets de cette nature, dans la proximité des fron-
tières respectives. En cas de contravention les marchandises seront
mises sous séquestre.

(2) *Revue générale de droit international public*, an. 1898, doc 35.

(3) Même revue, 1898, doc. 1.

règle ne serait pas souhaitable, ainsi que je m'efforcerai de le démontrer.

II. — DÉFINITION DE LA CONTREBANDE DE GUERRE.

Nous allons aborder la définition de la contrebande et considérer les différents critériums donnés, pour juger si une marchandise doit ou non rentrer dans cette catégorie.

Je ne m'occuperai, en premier lieu, que de la contrebande absolue, appelée encore contrebande par nature.

Grotius définit la contrebande de guerre : « objets exclusivement utile à la guerre » (1).

Cette définition a le tort d'être trop étroite ; cette erreur a cependant été reproduite par nombre d'auteurs distingués (tels que Hautefeuille, Calvo (2). Bluntschli, Fiore (3).

Bynkershoek (4) la réfute aisément en faisant remarquer qu'aucune chose n'est faite exclusivement pour la guerre et qu'on peut lui donner aussi un but pacifique.

(1) Grotius. *De jure belli ac pacis*, liv. III, cap. I, § v.

(2) Calvo. *Droit international théorique et pratique*, t. II, 3e p., § 1114.

(3) Fiore. *Nouveau droit international public*, t. III, § 1598 et 1604.

(4) Bynkershoek. *Quæstionum juris publici*, 1735, liv. I. cap. x.

D'autres publicistes, au contraire, qualifient la contrebande de guerre « les objets qui peuvent servir immédiatement aux usages de la guerre » ou qui sont « utiles » à la guerre.

Avec la première de ces définitions (servir immédiatement), remarque justement Kleen, on pourrait déclarer contrebande de guerre une quantité considérable de choses inoffensives et si indispensables à la vie ordidaire, que leur prohibition serait une véritable absurdité (1). L'argent, le charbon, les chevaux, peuvent être employés immédiatement à la guerre, sans subir aucune transformation, et si l'on déclarait contrebande tout ce qui peut être utile à la guerre, ou qui pourrait y être employé, il n'y aurait plus de trafic possible.

Aussi nous rallions-nous à la définition de ce dernier auteur : sont contrebande de guerre « les objets qui sont faits exprès pour la guerre et y servent non seulement immédiatement, mais spécialement ». C'est cette même définition que Brusa fit admettre par l'Institut de Droit international dans sa session de Copenhague en 1897 (2). « Sont sujets à saisie durant la guerre les objets qui, expressément faits pour la guerre, y servent dans leur état actuel, immédiatement et spécialement, et, transportés sur mer pour le compte d'un belligérant, rentrent dans la catégorie de la contrebande de guerre. »

---

(1) Kleen. *De la contrebande de guerre*, p. **28**
(2) *Annuaire*, t. xvi, p. **44** et 311.

Ce sont encore Kleen et Brusa qui, à la session de
Venise, l'année précédente, avaient fait adopter une
énumération des articles devant être considérés comme
tels.

Cette énumération comporte le double avantage de
ne point renfermer, comme toutes les listes adoptées
jusqu'alors, une nomenclature d'engins dont l'efficacité
avait depuis longtemps disparu, et qui eussent figuré
bien mieux dans un musée que sur le champ de bataille,
et, en outre, d'être assez élastique pour permettre d'y
comprendre les nouvelles inventions d'un caractère
belliqueux.

C'est l'énumération de ce qui peut être appelé la
contrebande de guerre par nature (la seule qui eût du
être admise dans les rapports internationaux) ; voici, du
reste, la liste des objets prohibés.

I. — Sont articles de contrebande de guerre :

1° Les armes de toute nature ;

2° Les munitions de guerre et les explosifs ;

3° Le matériel militaire (objets d'équipement, affûts,
uniformes, etc.) ;

4° Les vaisseaux équipés pour la guerre ;

5° Les instruments spécialement faits pour la fabrication immédiate des munitions de guerre, lorsque ces
divers objets sont transportés pour le compte ou à destination d'un belligérant.

II. — Sous la dénomination de munitions de guerre,
doivent être compris les objets qui, pour servir immé-

diatement à la guerre, n'exigent qu'une simple réunion ou juxtaposition (1).

Dans le paragraphe II, l'Institut a entendu établir une distinction entre les objets. qui, ne nécessitent qu'une simple juxtaposition et qui, bien qu'inutilisables dans leur état actuel, forment les différentes pièces d'un engin de guerre ; pour ceux-là, leur transport vers l'ennemi constitue un acte de contrebande, et ceux au contraire qui exigent une manipulation pour, de marchandises essentiellement pacifiques qu'ils sont, être transformés en armes ou munitions. En ce qui concerne cette dernière catégorie d'objets, leur trafic doit être libre.

Il est de toute évidence qu'un affût de canon ou une crosse de fusil ne peut être utilisé que réuni à l'arme dont il est une partie essentielle et n'a pu être envoyé au belligérant que dans ce but ; il n'en sera pas de même d'un lingot de plomb ou de cuivre, pouvant aussi bien servir dans un but pacifique qu'à la fabrication de balles ou de cartouches.

De la contrebande conditionnelle.

Ainsi que nous avons déjà eu l'occasion de le voir, les prohibitions édictées par les belligérants n'ont pas été limitées aux objets de contrebande par nature.

---

(1) *Annuaire*, 1896, p. 230 et suivantes.

Pour atteindre plus sûrement l'adversaire et ruiner son commerce, les puissances en guerre, fortes de l'appui que leur apportait la doctrine, prétendirent interdire, non seulement les objets dont le caractère propre dénotait un usage belliqueux, mais même des objets d'usage pacifiques, prétextant soit leur utilité possible à la guerre, soit le fait que la privation de tels approvisionnements pouvait réduire l'ennemi à la famine et le contraindre à capituler.

La distinction établie par Grotius entre ces différents objets, servit de base à cette doctrine.

Il divisait ces objets en :

1° Objets exclusivement utiles à la guerre ;

2° Objets qui n'y sont d'aucune utilité (objets de luxe).

3° Objets utiles en temps de paix, comme en temps de guerre (1). Ce sont les *res ancipitis usus* ou d'usage double. « Les choses, dit cet auteur, qui sont d'un usage particulier pour la guerre, et dont on empêche le transport à l'ennemi, s'appellent marchandises de contrebande ; telles sont les armes, les munitions, etc., les vivres même en certaines occasions où l'on espère réduire l'ennemi par la famine. »

C'est sur cette classification que fut basée la distinction entre la contrebande absolue et la contrebande conditionnelle, s'appliquant à la troisième catégorie d'objets, aux objets d'usage double.

---

(1) Grotius. *De Jure belli et pacis*, liv. III, cap. I, § 5.

De nombreux publicistes se rallièrent à cette théorie néfaste et ne lui ménagèrent pas leurs approbations.

Se plaçant au point de vue des belligérants, Pinheiro Ferreira déclarait, qu'il est loisible à toute puissance en guerre de considérer comme contrebande les objets dont elle est sûre que la privation amènera l'ennemi à faire la paix, ou ceux dont elle a le moyen de lui couper l'approvisionnement.

Phillimore, Moseley, admettent que les belligérants comprennent dans la contrebande de guerre, des objets comme les graines, la farine, les provisions de bouche, qui peuvent venir en aide à l'adversaire, particulièrement quand ils sont destinés à ravitailler et à secourir l'armée.

Westlake est d'avis de ne pas s'attacher à la forme des choses belliqueuses, mais de comprendre dans la prohibition, les articles de nature à être employés en temps de paix et en temps de guerre (1).

Quant à Iolland, son opinion est celle de l'école britannique. Cette école, qui, dit-il, complète la liste des articles qui sont absolument contrebande de guerre, par une liste d'articles qui, selon les circons-

<hr>

(1) Westlake. *Revue de droit international*....., 1870. Est-il désirable de prohiber l'exportation de la contrebande de guere. « On pourrait tracer cette limite de façon à prohiber seulement les armes et les objets directement employés à blesser, tels que les épées, les fusils, les balles, la poudre. Mais ce serait là s'attacher seulement à la forme matérielle et brute d'une manière tout au plus digne d'enfants ou de sauvages ». p. 626.

tances, peuvent conditionnellement devenir de la contrebande (1).

Parmi les gouvernements qui s'approprièrent ces théories, il convient de citer, en première ligne, les gouvernements anglais et américain, qui proclamèrent hautement à maintes reprises le droit de prohiber, quand ils le jugeaient utile, le transport de telle ou telle marchandise vers un port ennemi. Dans sa réponse à une question qui lui fut posée le 21 juillet 1870, à la Chambre des Communes, Gladstone se refusait à définir les objets constituant la contrebande de guerre « parce qu'une semblable définition serait trop difficile ». Et il ajoutait : « Il est des articles qui, bien que d'une importance vitale dans la conduite des hostilités, ne peuvent être définis dans leur nature que par les circonstances du cas qui se présente (2) ».

De la contrebande relative.

On donne le nom de contrebande relative à *res ancipitis usus* dont le transport à l'ennemi est prohibé par une déclaration des belligérants faite au début de la guerre et pour cette seule guerre.

(1) Holland. Les devoirs des neutres dans la guerre maritime et les documents récents. *Revue de droit international...*, 1905, p. 370 et s.
(2) Cité par Takahashi. Hostilités entre la France et la Chine. *Revue de droit international.....*, 1901.

Les partisans de ce procédé arguent l'usage inconnu réservé par l'ennemi à ces objets. Les emploiera-t-il a un but pacifique ou guerrier ! Mais semble-t-il le capteur ne peut se fonder sur de simples suppositions, il devrait écarter la saisie des marchandises douteuses ou prouver leur destination militaire. Il n'en a malheureusement rien été.

Il y a, de plus, grave inconvénient à entrer dans cette voie c'est qu'il est impossible de savoir ou l'on s'arrêtera. Prohiber le transport *des res ancipitis usus* équivaut à une prohibition totale du commerce et comme l'a fort bien fait remarquer Kleen, la contrebande relative a pour défaut d'entraver un trafic qui doit rester libre, « parce que les marchandises dont il s'agit, sont destinées avant tout à satisfaire aux besoins en temps de paix » (1).

De la contrebande occasionnelle.

La contrebande occasionnelle est une forme plus arbitraire encore des droits que se sont reconnus les belligérants. Elle consiste dans la prohibition, en certaines circonstances particulières, du transport d'objets généralement autorisés, sous prétexte d'un besoin temporaire et pressant chez l'ennemi.

---

(1) Kleen. *De la contrebande de guerre....*, p. 91.

Elle est rendue soit par un décret des gouvernements belligérants, soit même par une simple décision du commandant d'un navire de guerre, et cela au cours des hostilités. Comme telle, elle présente une aggravation à la contrebande relative.

L'autorité qui fixe la contrebande de guerre relative, bien que partiale, offre au moins la garantie d'une décision gouvernementale autorisée. Il n'en est pas de même de la contrebande occasionnelle qui peut être provoquée par la simple décision d'un subalterne. La contrebande relative est en outre établie comme je l'ai dit précédemment au début des hostilités : les neutres savent d'avance quels sont les articles prohibés : au contraire la contrebande occasionnelle les prend à l'improviste, sans aucun avertissement préalable.

Cette doctrine a trouvé de nombreux partisans et des écrivains comme Hübner, Heffter et Bluntschli n'ont pas osé rompre définitivement avec elle.

Les formes adoptées pour l'exécution de cette théorie sont fort diverses.

Les publicistes anglais ont été jusqu'à accorder au belligérant le droit de prendre, en déclarant contrebande, sur place même, ce qu'il veut, parce qu'il trouve que dans ce moment là son ennemi en a tellement besoin, que l'approvisionnement pourrait exercer une influence décisive sur l'issu de la guerre.

D'autres se bornent à ajouter à la liste de contrebande certains articles douteux, laissant les belligérants décider dans chaque cas spécial si les marchandises auraient pour l'ennemi une importance telle, qu'on put leur conférer la qualité de contrebande (1).

Travers-Twiss met certaines restrictions à l'exercice de ce droit (2). Il exige avant les hostilités une déclaration dans laquelle seraient énumérés les articles qui pourraient être prohibés accidentellement.

La contrebande occasionnelle très usitée dans l'histoire moderne surtout pendant la période de 1793 à 1815, s'est vue condamnée depuis la guerre de Crimée. Elle est tombée en discrédit, tant auprès des gouvernements que des publicistes. Ortolan entre autres qui l'intitule fort justement « contrebande ad libitum. »

Hautefeuille, Woolsey, Calvo, Fiore également, se sont montrés adversaires résolus de cette extension du fait de contrebande.

Il appartenait à l'Institut de Droit international de condamner définitivement ces procédés arbitraires. L'article 4 de la réglementation internationale de la contrebande de guerre est ainsi conçu : « sont et demeurent abolies les prétendues contrebandes désignées sous les noms soit de contrebande relative, concernant les articles (*usus ancipilis*) susceptibles d'être utilisés par un belligérant pour un but militaire et dont l'usage est essentiellement pacifique, soit de contrebande accidentelle,

---

(1) Kleen. *De la contrebande de guerre....*, p. 100.

(2) Travers-Twiss. *Des droits et des devoirs des nations en temps de guerre*, § 143.

quand les dits articles ne servent spécialement au buts militaires que dans des cas particuliers » (1).

Mais alors se pose une question. Les belligérants « autorisés à saisir et à confisquer des armes d'une utilité peut-être contestable pour leur adversaire, allaient-ils être contraints de souffrir sans opposition, que les neutres leur fournissent des objets d'usage double, telle que la houille » (2).

Pour y remédier, l'Institut adopta l'amendement suivant proposé par le général den Beer Poortugael Gabba et Kebedgy, qui admet pour le belligérant « à son choix et à charge d'équitable indemnité le droit de séquestre ou de préemption quant aux objets qui, en chemin vers un port de son adversaire, peuvent également servir à l'usage de la guerre et à des usages pacifiques » (3).

Il est regrettable que l'Institut ait fait cette concession, qui autorise encore, du moins en partie, l'arbitraire du belligérant. Il pourra toujours séquestrer indument telle ou telle marchandise, qu'il jugera utile à l'ennemi ou ne donnera en échange qu'une indemnité dérisoire. De leur côté, les neutres voudront peut-être profiter du droit à l'indemnité ; néanmoins cette solution serait un grand adoucissement pour ces der-

(1) *Annuaire*, année 1896, p. 231.

(2) Dupuis. *Institut de Droit international*, session de Venise R. G. D. I. P., t. III., p. 655 et s. 1896.

(3) *Annuaire*, 1896, p. 231.

niers et les mettrait à l'abri d'une confiscation arbitraire (1).

III. — DES DIFFÉRENTS ÉLÉMENTS DONNÉS COMME CRITÉRIUM.

1° De la destination.

L'expression de destination a prêté à bien des controverses et à de nombreux malentendus ; il convient avant tout, de faire ici une distinction capitale.

On peut employer ce mot dans deux sens différents, soit dans le sens du transport d'une marchandise vers un point quelconque, soit dans le sens d'emploi réservé à cette marchandise.

Dans le premier cas, la destination est un élément essentiel de la notion de contrebande. Il est en effet évident que c'est le transport vers l'ennemi, qui donne aux objets destinés à la guerre le caractère délictueux. En partant de ce point de vue, pour juger si tel ou tel article doit être prohibé, on se base sur son caractère objectif, sur ses qualités intrinsèques. En conséquence, il est de toute évidence que, compris ainsi, le mot de destination peut être considéré comme un juste élément du fait de contrebande.

(1) Dupuis. *Revue G de D. I. P.*, t. III. 1896, p. 655-656.

Au contraire la doctrine qui donne à cette expression la signification d'emploi, a cherché à en faire un critérium pour juger si telle ou telle marchandise devrait être ou non interdite.

Admettre une semblable doctrine, qui est fondée, non sur la nature même des objets mais sur une simple présomption d'emploi, c'est apppouver la théorie de la contrebande conditionnelle et les abus auxquels son application donne lieu.

Dès lors, tel article peut être considéré comme délictueux selon chaque cas spécial, et la saisie de tous les marchandises devient alors possible.

C'est sur ce dernier sens de destination d'emploi combinée avec la destination de lieu, qu'est basée la doctrine américaine. La Cour suprême des États-Unis appliqua cette thèse d'une manière permanente, de sorte que la culpabilité pût être établie à l'aide simultanément du port de destination et d'une destination tirée des circonstances.

Ce principe de la destination « for enemy use » jugée d'après le caractère du port d'arrivée est aussi adopté par la législation anglaise.

Durant les guerres qu'elles eurent à soutenir, les deux grandes puissances anglo-saxonnes usèrent sans ménagement de cette interprétation, en déclarant saisissables des objets qui n'auraient dû être confisqués qu'après preuve faite, ou du moins présomption établie de leur destination militaire.

Pendant la guerre contre les républiques Sud-Africaines, l'Angleterre fit encore sien ce point de vue, pour s'approprier les vivres à destination du Transvaal.

Ce système de l'emploi présumé a été soutenu par Heineccius et Hübner (1).

Il a été repris par Ieffter et Bluntschli. — « But something more ; dit également Lawrence, — than the character of goods has to be considered before, ite is possible, to décide, whether or no, they are contabrand, of war ; we have to inquire into their destination (2). »

2° De l'intention et de l'utilité.

Il est deux autres éléments que les partisans du droit des belligérants ont cherché à introduire comme point de départ, pour juger si telle ou telle marchandise était contrebande de guerre ou non : ce sont l'intention et l'utilité.

Les marchandises qu'il s'agissait de prohiber étaient, il va sans dire, des objets d'usage double, car en ce qui concerne le transport des armes et des munitions, la règle ne se pose même pas.

A force de subtilités, on est arrivé à distinguer entre

---

(1) Hübner, *De la saisie des bâtiments neutres*, t. II, ch. Ier, § 5.
(2) Lawrence, *War and neutrality in the Far, East* ch. VII.

le fait d'apporter un objet à un belligérant dans un simple but de lucre, et l'action de l'apporter dans un but coupable, avec l'intention de lui venir en aide.

La définition donnée par Bluntschli (1) de la contrebande de guerre : « Objets transportés à l'un des belligérants dans le but de faciliter les opérations militaires de l'ennemi » et aussi cette citation, « l'on doit se demander dans chaque cas spécial, si l'intention de venir en aide aux belligérants existe dans l'espèce », cette citation, dis-je, laisse apercevoir tout l'arbitraire d'une semblable interprétation qui permet au belligérant, de constater dans chaque cas, si l'intention était de secourir ou non son adversaire.

Cette doctrine est essentiellement anti-juridique : on ne peut condamner en effet que sur des preuves, et il est de toute évidence que l'intention ne peut tenir lieu de preuve matérielle. Ce qui peut être soutenu, c'est que l'intention augmente la culpabilité ; mais elle ne la crée pas. « L'action de transporter des articles d'usage double n'étant pas un fait de contrebande ne doit jamais être poursuivi, quelqu'en soit le motif. Mais si elle était prohibée par le droit international, elle devrait être poursuivie, même dans le cas où elle ne serait motivée que par le gain (2). »

Certains auteurs ont également cherché dans l'utilité

---

(1) *Le droit international codifié*, § 765.
(2) Kleen. *De la contrebande de guerre*, p. 43

un critérium pour définir le fait de contrebande. Mais cette théorie présente les mêmes défauts que les précédentes. Elle étend indéfiniment l'application de cette notion. Quelles seraient alors les marchandises qui échapperaient à la convoitise des belligérants ? Car il est à présumer que, si un objet est transporté pour une désignation quelconque, c'est en raison de son utilité.

Iall a soutenu cette théorie : « Il ne saurait être mis en doute, dit-il, que certains articles également susceptibles d'usage pacifique et belliqueux peuvent, à l'occasion, être aussi essentiels à la poursuite des hostilités que les armes elles-mêmes, et la raison dernière de la prohibition des armes est qu'elles sont essentielles ».

Et Iolland émet cette opinion : « Pour être réputés contrebande, les articles doivent être utiles à la guerre. Quel article a ce caractère ? Tous sont-ils placés sur la même ligne ? Il est admis que la liste doit changer de temps en temps, et qu'un belligérant est autorisé à spécifier les articles qu'il entend traiter comme contrebande, aussi longtemps qu'en agissant ainsi il n'excède pas la permission que le droit international lui octroie à cet égard (1). »

L'Institut de Droit international, au contraire, a condamné ces doctrines qui ne sont basées que sur extension abusive des droits de guerre.

_____

(1) Holland. Les devoirs des neutres dans la guerre maritime et les événements récents, *Revue de Droit international*, an. 1905, p. 370.

« Un objet, a-t-il déclaré, ne saurait être qualifié de contrebande en raison de la seule intention de l'employer à aider ou à favoriser un ennemi, ni par cela seul qu'il pourrait être, dans un but militaire, utile à un ennemi, ou utilisé par lui, ou qu'il est destiné à son usage (1). »

On ne saurait trop approuver la décision prise à ce sujet par cette savante assemblée. Les soi-disant critériums du fait de contrebande ne conduisant qu'à une confusion dangereuse, tant pour le commerce des neutres soumis aux appréciations arbitraires des belligérants que pour ceux-ci, ainsi que j'aurai occasion de le montrer par la suite.

(1) *Annuaire de l'Institut de Droit international*, t. xv.

CHAPITRE II

ÉVOLUTION HISTORIQUE DE LA NOTION DE CONTREBANDE DE GUERRE

—

I. — Étude des traités jusque et y compris la période contemporaine.

II. — Étude des législations des différentes nations, Angleterre, États-Unis, France, Russie, Japon, Italie, Espagne, Hollande, Suède, Danemark, Autriche, Allemagne, Grèce.

III. — Développement doctrinal de la notion de contrebande de guerre.

I. — ÉTUDE DES TRAITÉS, JUSQUE ET Y COMPRIS LA PÉRIODE CONTEMPORAINE.

L'étude historique de la notion de contrebande de guerre va nous montrer combien lent a été son développement.

Comprise dans les premiers siècles, comme une interdiction générale du commerce des neutres, elle s'est peu à peu modifiée avec l'éclosion de l'idée de neutralité et devint une simple restriction au principe de la liberté commerciale.

l'ennemi, telles qu'elles étaient pratiquées dans l'anti-
quité. A cet égard, le *Corpus juris civilis* contient une
série de règles édictant la peine de mort pour tout commerce fait avec l'ennemi. Un édit, entr'autres, de l'empereur Valens déclare : « Ad barbaricum transferendi
vini et olei et liquaminis, nullam quisquam habeat facul-
tatem, ne gustus quidem causa aut usus commerciorum. »

Au Moyen-Age, les papes prohibèrent tout commerce
avec les infidèles. Alexandre III, en 1179, au 3ᵉ Concile
de Latran, puis Innocent III, lors du 4ᵉ Concile,
punissent les contrevenants des peines suivantes :
« Excommunicamus et anathematicamus illos falsos et
impios Christianos, quid contra ipsum Christum et popu-
lum Christianum saracenis arma, ferrum et ligamina
deferunt galearum, etc. »

Boniface VIII, en 1302, interdit le commerce des
armes, des bois et des grains ; mais ces prescriptions
du Moyen-Age s'adressent seulement à la communauté
chrétienne et sont des dispositions unilatérales, à l'encontre des étrangers.

Peu à peu, ces règles s'introduisirent dans les rapports des chrétiens entre eux, les belligérants préten-
dant interdire le commerce des neutres avec leurs
adversaires. Néanmoins, durant la période qui s'étend
du XIVᵉ au XVIᵉ siècle, nous voyons la notion de contrebande se développer. Les rapports internationaux prennent une plus grande extension, et la nécessité d'assurer
la liberté du trafic se fait de plus en plus sentir.

Le commerce maritime s'étendant chaque jour davantage, les États qui s'y livrent réclament plus de garanties. Cependant l'idée de neutralité est encore confuse ; fréquemment les belligérants exigent des neutres, sinon une aide directe, du moins la suspension de tout négoce avec leur ennemi. Mais pour obtenir ce résultat, ils sont fréquemment obligés de recourir à des traités nécessités, tant par le nombre des puissances neutres, que par l'équivalence de leurs forces.

Comme exemple de semblables stipulations, on peut citer le traité entre la France et l'Angleterre en 1304, lors de la guerre entre ce premier État et la Flandre.

Des prohibitions semblables furent décrétées aussi par la Iollande et par l'Angleterre, lors des luttes qu'elles soutinrent, l'une contre l'Espagne en 1552, l'autre contre cette même puissance en 1589, et dans un traité qu'elles conclurent en 1625, il fut déclaré, article 20, que « toutes marchandises de contrebande, « comme sont munitions de bouche et de guerre, na-« vires, voiles, armes, cordages, or, argent, cuivre, fer, « plomb et semblables, de quelque part qu'on les vou-« dra porter en Espagne et aux autres pays de l'obéis-« sance dudit roi d'Espagne et des adhérents, seront « de bonne prise, avec les navires et hommes qu'ils « porteront » (1).

(1) Dumont : *Corps universel diplomatique du Droit des gens*, t. v, 2e partie, p. 480.

Pour trouver des traités revêtus d'un caractère véritablement international, il faut se reporter au XVIIe siècle.

Les conventions conclues alors n'ont plus le caractère
d'actes imposés aux neutres par les belligérants, mais
librement consentis ; de ce fait nous voyons diminuer le
nombre des articles prohibés, et le fait de contrebande
se restreindre, parfois même au transport à l'ennemi
des seuls objets qui sont contrebande par nature.

Lors du traité qui fut signé entre l'Espagne et les
Pays-Bas, le 14 février 1648 (1), il est dit que seule la
contrebande de guerre devait être saisissable sur un
navire neutre se rendant à un port ennemi.

Dans un traité postérieur, entre les deux mêmes puissance (17 septembre 1650), on trouve une définition,
de ce qu'il faut considérer comme contrebande de
guerre, définition qui donne le détail de tous les
objets à prohiber (2). Article 4 : « De plus, pour
d'autant mieux prévenir les différends qui pourraient
naître, touchant la définition des marchandises défendues et de contrebande, il a été déclaré et convenu que
sous ledit nom, seront compris toutes armes à feu, et
assortiments d'icelles, comme canons, mousquets, mortiers, pétards, bombes, grenades, saucisses, cercles-
poissés, affûts, fourchettes, bandoulières, poudre,
mèches, salpêtre, balles ; pareillement toutes autres

---

(1) Dumont. T. vi, 1re partie, p. 439.
(2) Dumont. T. vi, 1re partie, p. 570.

armes, comme piques, épées, morions, casques, cuirasses, hallebardes, javelots et autres semblables ; et
encore prohibés sous ledit nom, le transport de gens de
guerre, de chevaux, harnachements, fonte de pistolets,
baudriers et assortiments façonnés et formés à l'usage
de la guerre. »

Art. 12 : « Et au cas que dans lesdits vaisseaux des sujets des Provinces Unies, se trouvent par
le moyen susdit, quelques marchandises de celles déclarées ci-dessus de contrebande et défendues, elles seront
déchargées, calenguées et confisquées, par devant les
juges de l'amirauté ou autres compétents, sans pour
cela que le navire ou autre bien et marchandise libre
et permise, retrouvée au même navire, puisse être en
aucune façon saisie ou confisquée. »

En sens contraire, le traité de 1646, entre la France
et la Iollande, porte que les marchandises de contrebande de guerre à bord d'un navire, entraîne la confiscation du navire et de tout le chargement.

On peut également citer le traité de Westminster, du
3 novembre 1655, entre la France et l'Angleterre (1).
Cette dernière s'engage à ne livrer à l'ennemi, ni argent
ni provisions, ni vivres ou approvisionnements (art. 7).

Mais elle distingua expressément ceux-ci des armes
ou autres articles prohibés qui, seuls, devaient autoriser
la saisie du navire. La liste des objets de contrebande

---

(1) Dumont. T. vi, 2e partie, p. 122, 136.

comprend les armes, les munitions de guerre et les chevaux.

Mais le plus important traité de l'époque et celui dont s'inspirèrent les conventions ultérieures, est le traité des Pyrénées (7 novembre 1659) conclu entre la France et l'Espagne.

Ce traité contient une liste des objets considérés comme contrebande de guerre. Voici comment il s'exprime :

Art. 12.— (1) « En ce genre de marchandises de contrebande, s'entend seulement être comprises toutes sortes d'armes à feu et autres assortiments d'icelles, comme canons, mousquets, mortiers, pétards, bombes, grenades, saucisses, cercles-poissés, affûts, fourchettes, bandoulières, poudre, mèches, salpêtre, balles, piques, épées, morions, casques. cuirasses, hallebardes, javelines, chevaux. selles de cheval, fourreaux de pistolet, baudriers et autres assortiments servant à l'usage de la guerre. »

L'article 13 vise les objets qui ne doivent pas donner matière à saisie « ne sont pas compris en ce genre de marchandises de contrebande, les froments, blés et autres grains, légumes, huiles, vins, sel, et généralement tout ce qui appartient à la nourriture et à la sustentation de la vie, mais demeureront libres ».

Cette liste fut adoptée dans de nombreux traités entre

(1) Dumont. T. vi, 2º partie, p. 266.

autres les traités entre l'Angleterre et le Danemark, 1661 ;
entre le Danemark et la France, 1662 ; entre l'Angleterre et la Suède, 1665 ; entre l'Angleterre et les Pays-
Bas, 1667 ; entre l'Espagne et les Pays-Bas, 1674 ;
entre la France et l'Angleterre (traité de Saint-Germain,
du 24 février 1677). Sont mentionnés comme exclues
des listes de contrebande dans ce dernier traité, les
étoffes et manufactures de laine, lin, soie, coton, etc.,
la poix, les cordages, les voiles, les ancres, les mâts,
les planches, les poutres et les bois travaillés de toutes
espèces d'arbres, et qui peuvent servir à construire des
vaisseaux ou à les radouber.

En somme, malgré certaines modifications et variations dans les listes d'objets prohibés, on constate une
réelle amélioration dans le sort des neutres. Les principes du droit commencent à prévaloir sur les classifi-
cations arbitraires, dictées par le seul intérêt des belligérants.

Si nous passons au XVIIIe siècle, nous trouvons un
traité type, le traité d'Utrecht (1713).

Il serait fort désirable, qu'un semblable traité fut
signé de nos jours, par un aussi grand nombre de puissances ; l'Angleterre, la France, la Hollande, l'Espagne
le signèrent, et il obtint l'adhésion de la Prusse et de la
République de Venise (1).

Dans l'article 19, sont visés les objets considérés

---

(1) Dumont. T. viii, 1re partie, p. 345-362-377-409.

comme contrebande de guerre. Cet article est la reproduction presque textuelle de l'article 12 du traité des
Pyrénées. L'article 20 vise au contraire les chose d'u-
sage double, qui devraient être laissées libres, à
savoir : « toutes sortes de draps et autres ouvrages de
manufactures de laine, de lin, de soie, de coton et de
toute autre matière, tous genres d'habillement, et les
choses qui servent ordinairement à les faire ; or et
argent monnayés ou non monnayés, étain, fer, cuivre,
laiton, charbon à fourneau, bled, orge, toutes sortes
de graines et légumes, nicotiane, vulgairement appelé
tabac, toutes sortes d'aromates, chair salée ou fumée,
poissons salés, fromage et beurre, huile, vin, sucre,
toutes sortes de sel et de provisions, servant à la nourriture et à la subsistance de l'homme ; tous genres de
coton, lin, poix tant liquide que sèche, cordages,
cables, voiles, toiles propres à faire des voiles, ancres
et parties d'ancres, quelles qu'elles puissent être, mâts de
navire, planches, madriers, poutres de toutes sortes
d'arbres, et toutes les autres choses nécessaires pour
construire ou pour radouber les vaisseaux.

On ne regardera pas comme marchandises de contrebande, celles qui n'auront pas pris la forme de quelque
instrument ou attirail servant à l'usage de la guerre sur
terre ou sur mer. Toutes ces choses seront sensées,
marchandises libres, de même que toutes celles qui ne
sont pas comprises et spécialement désignées dans l'article précédent. »

Se sont inspirés de ces stipulations d'autres traités, tel le traité de Versailles de 1783.

Ainsi outre les objets faits spécialement et immédiatement pour la guerre ne furent prohibés que le salpêtre, les chevaux et leur harnachement.

Le rôle joué à cette époque par la Russie mérite d'être mentionné.

Cette puissance fit accomplir en effet un sensible progrès aux lois de la guerre en ce qui concerne spécialement la contrebande.

Le traité qu'elle conclut en 1766 (1) avec l'Angleterre s'inspire du traité d'Utrecht, mais il autorise le transport des chevaux et ne prohibe, en plus des armes et munitions, que le soufre, le salpêtre, les selles et les brides.

Les deux lignes de la neutralité armée adoptèrent la notion de contrebande telle que l'avait fixée le traité de 1766 ; la première signée en 1780 par la Russie, le Danemark, la Suède, la Prusse, le Portugal, l'Empire et les deux Siciles reçut en outre l'adhésion de la France, de l'Espagne, de la Hollande et enfin des Etats-Unis.

Ce fut sur les principes contenus dans la déclaration russe du 8 mars (26 février) 1780, qu'elle fut basée. L'article 1er de cette déclaration s'exprimait comme suit : « que les vaisseaux neutres puissent naviguer

(1) Martens. *Recueil des principaux traités d'alliance*, t. I, p. 390.

librement de port en port et sur les côtes des nations en guerre.

« 2° Que les effets appartenant aux sujets des dites puissances en guerre, soient libres sur les vaisseaux neutres, à l'exception des marchandises de contrebande.

« 3° Que l'impératrice se tient, quant à la fixation de celles-ci, à ce qui est annoncé en son article 10 et 11 de son.traité de commerce avec la Grande-Bretagne, en étendant ses obligations à toutes les puissances en guerre. »

La seconde neutralité armée, formée sur l'initiative de Paul 1er en 1800, ressuscita la ligne des neutres. Ce traité reçut l'adhésion du Danemark, de la Prusse et de la Suède. Comme dans les traités précédents, le salpêtre, le souffre et les brides sont seuls interdits, en outre de la contrebande absolue.

« Tous les articles quelconques, non désignés ici, est-il dit, ne seront pas réputés munitions de guerre et navales, ni sujets à confiscation... »

Durant cette période, la situation des neutres subit une sensible amélioration.

Il est à remarquer que les États pacifiques commencent alors à comprendre la nécessité de se grouper devant les exigences des belligérants, afin de mieux faire valoir leur droit mais leur entente ne fut qu'éphémère et ne produit aucun résultat durable.

Jalouse de sa prédominance maritime, l'Angleterre n'entendait pas restreindre le nombre des objets saisissables ; elle n'épargna donc ni les vexations, ni les prohibitions à l'égard du commerce des neutres.

En guerre avec la France, voulant la mettre en dehors du droit des gens, elle n'hésita pas à interdire aux autres États tout trafic avec celle-ci.

Aux plaintes des États scandinaves et des États-Unis, elle répondit qu'il s'agissait là d'une exception destinée à vaincre un État, qui s'est mis en dehors du droit naturel des nations.

La seconde ligne de neutralité armée, brusquement interrompue par l'assassinat de l'empereur de Russie, Paul 1er, ne devait pas survivre à son instigateur. Son successeur. Alexandre 1er se rapprocha de l'Angleterre et signa avec cette puissance le traité du 17 juin 1801.

Ce traité de 1801, qui rétablissait l'entente anglo-russe, fut suivi par d'autres conventions avec les États scandinaves, par exemple, celle du 25 juillet 1803, entre l'Angleterre et la Suède. Nonobstant l'exclusion du matériel maritime de la liste des objets prohibés par la convention anglo-russe, à laquelle avaient adhéré les États scandinaves, nous retrouvons dans cette convention une distinction dont j'ai déjà fait mention en tête de ce chapitre.

« Les objets d'équipement déjà travaillés et immédiatement propres à être employés pour les navires de guerre, furent soumis à confiscation, ainsi que tout le matériel maritime non produit par la patrie du navire. Au contraire, les objets de l'espèce précitée, non travaillés, les matières premières pour construction de navires et les objets d'équipement immédiatement applicables aux navires de commerce ne devaient point, s'ils étaient le produit du pays neutre qui les apportaient, et s'ils appartenaient à ses sujets, être confisqués, mais seulement soumis à préemption contre une indemnité de 10 0/0 à payer, outre les dépenses, par les belligérants (1). »

Le traité d'Oërebro, du 18 juillet 1812, entre les deux mêmes États (la Suède et l'Angleterre), déclare que les anciennes relations d'amitié sont rétablies, telles qu'elles étaient en 1871, c'est-à-dire que le matériel maritime cesserait d'être prohibé entre ces deux puissances.

Cette stipulation ne fut guère exécutée par l'Angleterre, qui continua à considérer le matériel maritime comme contrebande, « selon les circonstances ».

Aux grandes guerres de la Révolution et de l'Empire succéda une longue période d'accalmie, et jusqu'en 1854, la question de la liberté commerciale des neutres ne fut plus débattue que dans la doctrine.

La théorie continentale et la théorie anglaise, l'une favorable aux principes affirmés par les deux ligues de neutralité armée, l'autre toujours attachée aux règles du consulat de la mer, continuèrent de part et d'autre à trouver des partisans.

_____

(1) Kleen. _De la contrebande de guerre_, p. 145.

Telle était la situation, quand éclatèrent les hostilités entre la Turquie et la Russie, contre laquelle l'Angleterre et la France allaient se déclarer. Or leurs doctrines, en matière de contrebande de guerre, étaient opposées. Il eût été choquant cependant de voir les deux alliés appliquer des règles différentes en cette matière. Aussi, par une déclaration semblable des 28 et 29 mars 1854, l'Angleterre et la France déclarèrent renoncer à ce qu'il y avait de défavorable aux neutres dans leurs théories respectives.

Quelques semaines plus tard, la Russie adhérait à cette déclaration.

A la fin des hostilités, les principes édictés devinrent définitifs, et lors de la conclusion de la paix, les représentants des États contractants, réunis à Paris, les adoptèrent dans la déclaration du 16 avril 1856.

Deux articles concernent spécialement la matière que nous traitons :

« Art. 2. — Le pavillon neutre couvre la marchandise ennemie. à l'exception de la contrebande de guerre.

« Art. 3. — La marchandise neutre, à l'exception de la contrebande de guerre, n'est pas saisissable sous pavillon ennemi. »

Ces décisions, auxquelles se sont ralliées la majorité des puissances, ont marqué un grand pas dans la voie du progrès : l'unité de doctrine était enfin adoptée. Les neutres se trouvaient à l'abri des variations de principes si favorables aux nations en guerre.

Mais ces deux articles sont incomplets ; et seulement, quand sera définie l'expression contrebande de guerre, le commerce des neutres pourra être protégé efficacement contre l'arbitraire des belligérants.

Malgré tous les efforts faits pour obtenir d'elle une définition nette et précise, la Grande-Bretagne s'y est toujours refusée.

Interpellés au Parlement, les ministres anglais ont invariablement répondu que cette matière ne pouvait être réglementée, et que les circonstances seules devaient décider de la qualité licite ou illicite des transports.

Depuis 1856, différents traités ont été conclus, faisant mention des objets qui doivent être considérés comme contrebande de guerre. On peut citer ceux conclus entre l'Allemagne d'une part et le Salvador en 1869, le Mexique en 1870 et le Costa-Rica en 1875.

Mais le plus important de ces traités est celui, signé le 26 février 1871, entre l'Italie et les États-Unis, traité remarquable par la modération et l'équité qui ont présidé à l'établissement de la liste des objets prohibés.

L'article 15 les énumère : « Toutes espèces d'armes et d'instruments en fer, acier, bronze, cuivre, ou autre matière quelconque, manufacturés, préparés ou fabriqués pour faire la guerre sur terre ou sur mer. »

Peut être rapprochée de ce traité, une convention quelque peu antérieure, du 13 novembre 1836, entre les États-Unis et le Pérou, où les mêmes prohibitions avaient été édictées.

Ce qui ressort de la grande généralité des conventions conclues à notre époque, c'est qu'elles s'en tiennent aux prohibitions des munitions de guerre, armes, sans addition. Mais ce qui leur manque, c'est un caractère de généralisation, d'acte universel conclu entre grandes puissances. Elles ne sont que trop fréquemment signées entre des États éloignés n'ayant que des rapports commerciaux peu développés.

Dans l'acte général de la Conférence africaine de Berlin du 26 février 1885, il est parlé, article 33, « des objets destinés à un belligérant et considérés, en vertu du droit des gens, comme articles de contrebande de guerre ».

Quels sont ces objets ? La Conférence ne l'a pas indiqué. La question n'a donc pu être tranchée, et nous allons constater, en étudiant les législations, le manque absolu d'entente qui règne en la matière.

II. — ÉTUDE DES LÉGISLATIONS DES DIFFÉRENTES NATIONS : ANGLETERRE, ÉTATS-UNIS, FRANCE, RUSSIE, JAPON, ITALIE, ESPAGNE, HOLLANDE, SUÈDE, DANEMARK, AUTRICHE, ALLEMAGNE, GRÈCE.

Les législations des différents états ne contribuent guère à rendre la notion de contrebande plus claire et plus nette.

Une règle conventionnelle universelle leur faisant défaut, les États ont recherché à y remédier par des lois internes. Mais ils n'ont suivi aucune méthode, aucune règle précise.

Renfermer cette théorie de la contrebande dans de justes limites, lui rendre son véritable caractère qui est d'empêcher les neutres de porter secours à l'un des belligérants, eût dû être le but de leurs efforts.

Mais dans leurs législations respectives les nations n'ont songé généralement qu'à profiter de l'absence de toutes réglementations générales et ont abusé de la latitude que leur accordait le peu de développement du Droit International.

Les lois succèdent aux lois, les ordonnances aux ordonnances, sans souci de créer une doctrine stable. Les décisions des tribunaux de prises, elles-mêmes, solutionnent différemment des cas semblables, ne créent pas de jurisprudence.

Nul désir non plus d'arriver, par une réglementation uniforme, à établir une entente entre les différents gouvernements. Et de plus dans chaque État, on trouve des règles différentes sur un même point et à une même époque.

Mais ce qui rend cette question encore plus délicate. c'est que, dans chaque nation, le principe de contrebande découle de deux sources distinctes : 1° les traités et conventions qui diffèrent généralement les uns des autres, quant à la liste des objets prohibés : 2° les ordonnances, qui ne sont le plus souvent dictées que par les circonstances. Les mobiles intéressés, seuls instigateurs des proscriptions édictées, essentiellement variables par eux-mêmes sont cause de ces fréquentes contradictions, et le cas se présente souvent, où les listes établies par les traités, ne correspondent pas à celles des ordonnances.

Toutefois, il importe de remarquer, que si la majorité des États ne s'est pas basée sur des principes de justice et d'équité, pour régler cette délicate question, certains d'entre eux ont cependant montré une grande modération dans leurs prohibitions.

Cependant ce ne sont pas les grandes nations qui ont le plus contribué à l'évolution de ce principe. Les États secondaires de l'Europe, opprimés par leurs puissants voisins, quand ceux-ci étaient en guerre, et obligés de les ménager, quand eux-mêmes étaient belligérants, ont été les premiers à chercher le moyen de faire prévaloir des règles de droit, tant dans les traités qu'ils ont conclus, que dans leur législation interne.

Angleterre.

L'Angleterre s'est montrée de tout temps, la principale adversaire d'une stricte réglementation de la notion de contrebande. Obéissant à des vues intéressées, elle a tour à tour déclaré prohiber le transport des marchandises les plus diverses, selon ses intérêts du moment. Est-elle en conflit, elle augmente le nombre des objets saisissables, est-elle neutre, elle cherche à le diminuer. Si les progrès réalisés dans cette question ont été plus illusoires que réels, il faut en rechercher la cause surtout dans son attitude.

On relève dans Kleen à ce sujet cette phrase un peu trop optimiste. « Ce principe, qui ne tolère pas les prohibitions contre les vivres, est maintenant fermement établi. Il est vrai qu'il est encore de date récente. Pendant la guerre de Crimée, le gouvernement britannique a déclaré en plein Parlement, qu'il comprenait sous la dénomination de contrebande, les armes, les munitions de guerre et les vivres. Mais dès lors le temps a marché. Ni les hommes d'État, ni les jurisconsultes contemporains en Angleterre ne partagent l'opinion de leurs prédécesseurs » (1).

Je crains fort que M. Kleen ne se soit abusé sur l'opinion des hommes d'État et jurisconsultes anglais en cette matière, le récent conflit qui éclata dans l'Afrique du Sud, nous ayant montré leur attitude sous un jour moins favorable.

Cette puissance qui, au cours du XVIe et XVIIe siècle. avait maintes fois interdit le commerce des vivres avec ses adversaires, s'insurgea lorsque le royaume de Danemark, en guerre avec la Suède, en 1710, s'avisa de

---

(1) Kleen, *De la contrebande de guerre*, p. 124.

faire de même, et alors qu'en 1793, elle devait renouveler cette défense contre la France, prétextant que le gouvernement français avait pris en main le commerce des vivres et en avait fait un service d'État, que la disette s'en était suivie et qu'une prohibition adroite des approvisionnements, en augmentant la famine, amènerait son ennemi à conclure plus rapidement la paix.

Si l'Angleterre a autrefois consenti à signer des traités, et à se lier contractuellement, il n'en est plus de même aujourd'hui, et elle a repris sa liberté d'action. Il y va de son existence comme grande nation, du maintien de son empire colonial et de sa suprématie mondiale, de tenir toujours les neutres courbés sous sa domination, et de pouvoir, à sa guise, grâce à sa puissance maritime, autoriser ou prohiber leur commerce.

Une seule chose pourrait l'amener à consentir une entente avec les autres États, ce serait l'assurance que sa flotte n'est plus capable de protéger efficacement son trafic et sa subsistance.

Comme elle est une nation essentiellement commerçante, et qu'elle a besoin de la paix, pour maintenir sa prospérité, il est de toute nécessité pour elle qu'une guerre n'absorbe pas pour une trop longue durée son activité, au seul profit de ses rivales. C'est pourquoi elle a entendu se réserver la possibilité de vaincre son adversaire par tous les moyens possibles, et qu'elle a considéré la notion de contrebande, comme relevant moins du droit que de la politique.

L'Angleterre a donc maintenu son prétendu droit de prohiber certaines marchandises, dans certaines conditions déterminées par les événements ou la situation des parties y engagées.

Ce fut elle qui mit en honneur les contrebandes relative et accidentelle, qui émit les doctrines basées sur la destination hostile, l'emploi, l'utilité possible d'un objet pour l'adversaire.

Ces décisions prises dans ses « Orders in council », présentent pour elle un double avantage, et autant d'inconvénients pour les neutres. Elle peut les modifier à sa guise, les renouveler quand elle le désire et elles n'ont de valeur que celle qu'elle veut bien leur accorder.

En outre ces décrets promulgués par sa seule volonté, elle prétend les rendre applicables au commerce mondial par une simple notification du gouvernement britannique.

En présence de cette conduite, nul ne peut savoir quelle est la loi anglaise. ni surtout prévoir ce qu'elle sera dans la prochaine guerre. Quels articles prohibera-t-elle ? Si encore le gouvernement britannique juge bon d'en donner la liste et de ne pas laisser planer un malaise général sur le commerce des neutres, en se dispensant d'en publier aucune, ainsi qu'il l'a fait durant la guerre contre le Transvaal.

Il résulte de cet exposé. que la Grande-Bretagne s'est toujours refusée à considérer la classification des arti-

cles de contrebande comme étant du ressort du droit
des gens et que, pour elle, la question se rattache au
domaine des lois municipales ou internes sur lesquelles
seules elle prétend régler sa conduite, avec obligation,
pour les autres États, de s'y conformer également.

États-Unis.

On eût été en droit d'attendre de la République nord
américaine une doctrine libérale en ce qui touche la
contrebande de guerre. Mais après avoir adopté les
principes du traité d'Utrecht et leur avoir donné, par
un acte du Congrès, le caractère de loi nationale, après
s'être ralliée au principe de la ligue de la neutralité
armée, elle modifia sa doctrine et adopta des théories
en complet désaccord avec sa conduite antérieure.

En 1794, elle avait protesté contre les agissements
du gouvernement britannique, qui prétendait prohiber
le commerce des vivres et confisquer les navires neutres
qui se livraient à ce transport. La thèse soutenue par la
Grande-Bretagne était qu'un gouvernement belligérant
avait le droit de défendre aux neutres le transport de
vivres à l'ennemi, alors qu'il cherchait à le réduire par
la famine.

A cela, le gouvernement américain répondait que
réduire un adversaire par ce moyen n'avait jamais été
considéré, par le droit des gens, comme une arme de

guerre justifiant les prohibitions contre ce commerce. Lors les cas de blocus et d'investissement, les neutres n'étaient pas obligés de s'abstenir d'apporter des vivres à un ennemi affamé.

Les deux parties ne purent tomber d'accord ; aussi signèrent-t-elles, le 19 novembre 1794, une sorte de compromis, décidant que dans les cas où, selon le droit des gens en vigueur, de pareilles marchandises deviendraient ainsi contrebande de guerre, elles ne seraient plus confisquées, mais soumises à préemption.

Si, par ce traité, les États-Unis obtenaient en un certain point gain de cause, puisque leurs transports n'étaient plus confisqués, ils cédaient cependant sur la question de principe, car admettre le droit de préemption sur les vivres, c'était en somme admettre que, dans certains cas, le commerce des vivres pouvait être prohibé et rangé dans la catégorie des articles de contrebande.

Après cette première concession, les États-Unis, sous l'influence des doctrines anglaises, en vinrent à reconnaître le principe de la destination, de l'usage présumé à une utilisation belliqueuse, et la doctrine américaine contemporaine peut se résumer en ceci : Toute marchandise d'usage militaire ou présumée utilisable pour l'adversaire, est soupçonnée, par cela même, d'être destinée à un emploi belliqueux, si sa destination est, soit un port militaire, soit un port de ravitaillement pour sa flotte, soit un lieu où se trouvent des vaisseaux de guerre ennemis; il y a alors, suivant les américains, une forte présomption, quant à l'usage belliqueux des objets transportés.

Pendant la guerre de 1812-1814 contre l'Angleterre, la cour suprême de Washington décida que les vivres seraient considérés comme contrebande de guerre suivant les circonstances.

Et, lors de sa guerre contre l'Espagne, dans les instructions du Ministère de la Marine du 20 juin 1898, les marchandises sont divisées en deux catégories: dans la première, contrebande absolue, figurent, outre les armes et munitions, le salpêtre et les chevaux; dans la seconde, contrebande conditionnelle, « le charbon, quand il est destiné à une station navale, à un port de ravitaillement, à un ou plusieurs navires ennemis. Les matériaux pour la construction de chemin de fer ou de télégraphe et la monnaie, lorsque ces matériaux et cette monnaie sont destinés aux forces de l'ennemi ; les approvisionnements quand il sont destinés à un ou plusieurs navires de l'ennemi ou à une place assiégée » (1).

Et le code naval des Étas-Unis (2), promulgué en 1900 et abrogé dernièrement, cette puissance désirant s'en tenir aux seules circonstances, classe titre 34 les articles de contrebande en deux catégories : 1° les

(1) *Revue générale de droit international public*, t. vi, an. 1899, p. 461 et suiv.
(2) *Revue générale de droit international public*, t. ix, 1902, doc., p. 6.

articles de contrebande de guerre qui sont en principe ou ordinairement employés dans un but militaire en
temps de guerre, vaisseaux de guerre, ou instruments
propres à la fabrication immédiate des munitions de
guerre ; 2° les articles qui peuvent être et sont employés
pour des fins belliqueuses ou pacifiques, selon les circonstances.

Les articles de la première catégorie, s'ils sont destinés à des ports occupés par l'ennemi, ou à des places
occupées par ses forces, sont toujours contrebande de
guerre.

Les articles de la deuxième catégorie, lorsqu'ils sont
réellement et spécialement à destination des forces
militaires ou navales de l'ennemi, sont contrebande de
guerre.

En cas de guerre, les articles de contrebande doivent
être spécifiés dans une publication officielle, quand ils
ne seront pas mentionnés dans les traités conclus anté-
rieurement et encore en vigueur.

Tout récemment encore, le gouvernement américain publiait une note dans laquelle il affirmait sa
doctrine (1er mars 1904). Il protestait contre la déclaration de la Russie du 27 février 1904 concernant les
produits alimentaires, soutenant que la nature délic-
tueuse ou non de la cargaison en vivres ne pouvait
être déterminée que par sa seule destination : contrebande de guerre, s'il s'agissait de produits destinés aux
armées : marchandises libres si elles étaient destinées à

la nourriture de l'élément civil. Il faut signaler en outre
la circulaire suivante du 10 juin 1904, adressée par le
secrétaire d'État Hay aux ambassadeurs des États-Unis
en Europe. Celui-ci, après avoir développé la doctrine
américaine sur les différentes sortes de contrebandes et
les articles qui sont compris dans chacune d'elles, ter-
mine en ces termes :

« Une telle extension des principes consistant à traiter le charbon et les autres combustibles, ainsi que le
coton comme contrebande de guerre absolue, pour la
seule raison qu'ils sont transportés par un navire neutre
à un port non bloqué de l'adversaire, ne paraîtra pas
d'accord avec les droits raisonnables et légitimes du
commerce neutre (1). »

Le Cabinet de Washington protesta aussi contre la
saisie de l'Arabia, maintenant à tout prix la distinction
entre la contrebande absolue et la contrebande relative,
déclarant que le matériel transporté devait rentrer dans
cette dernière catégorie et que rien, en outre, ne prou-
vait qu'il fut destiné aux forces combattantes japo-
naises.

France.

La France est un des rares pays où le droit des neutres a été généralement respecté. Elle a fait preuve,

(1) Hershey. *International law and diplomacy of the russo-japanese war*, ch. 11 ; questions relating to contraband of war.

dans ses traités comme dans sa législation, de la ferme volonté d'améliorer le sort du commerce en temps de guerre.

Elle participa directement ou adhéra à nombre de conventions qui furent, à ce point de vue, d'entre les plus libérales.

Elle signa le traité des Pyrénées 1659, et d'Utrecht 1713, dont les clauses, en ce qui concerne la contrebande, servirent de modèle aux traités du temps.

Son ordonnance sur la marine de 1681 et son adhésion à la Ligue de la neutralité armée sont autant de preuves de bienveillance à l'égard des neutres.

Le principe auquel elle s'est conformée d'une manière continue, a été de ne comprendre dans les objets réputés contrebande de guerre, que ceux faits particulièrement dans ce but, elle écarte la contrebande conditionnelle et relative. Sans doute, dans les temps troublés de la Révolution, elle se laissa aller à des proscriptions abusives, et le décret du 9 mai 1793, déclarant que les navires neutres transportant des vivres à l'ennemi, seraient saisis et conduits en France, doit être considéré, uniquement, comme une mesure prise dans l'ardeur de la lutte.

Lors de la guerre de Crimée, elle n'hésita pas à chercher un terrain d'entente entre les deux doctrines, anglaise et continentale, qu'il s'agissait de concilier.

L'opposition entre les principes préconisés par la France, et les théories oppressives de l'Angleterre n'en furent que plus frappantes durant cette guerre, qui les réunissait dans une étroite alliance.

Alors que la France, dans ses instructions pour la marine, (mars 1854), ne comprenait dans la contrebande, outre les choses fabriquées pour la guerre, que le soufre et le salpêtre, et en écartait tous les objets d'usage double, tels que les vivres et le charbon, nous voyons la Grande-Bretagne proclamer par l'organe de l'Attorney général, que les vivres sont assimilables à la contrebande de guerre (30 mars 1854), et le premier lord de l'amirauté, sir James Graham, déclarer (9 mai 1854), qu'il avait donné toute latitude aux officiers de la marine anglaise, pour déclarer la houille contrebande de guerre, dans chaque cas particulier, suivant le port de destination et d'autres signes analogues.

Le gouvernement français adopta encore la même réglementation durant la guerre de 1859 et celle de 1870.

Cependant, dans une circonstance particulière, il fut amené à renoncer à sa conduite libérale habituelle et à méconnaître les véritables principes du droit international. Il eut recours, lors de son conflit avec la Chine, à la doctrine anglaise et lui emprunta ses règles arbitraires relatives à la contrebande conditionnelle. Voici en quelle circonstances :

Ce conflit ayant pris, de l'avis du gouvernement anglais, les proportions d'un état de guerre *de facto et de jure*, il décida, dans les premiers jours de février, que, par application du Foreing Enlistment act de 1870, le charbon rentrerait dans la catégorie des objets qualifiés contrebande.

Le gouvernement français se plaignit de cette mesure. Les instructions données par le Cabinet Britannique, disait-il à ses autorités coloniales, donne au Foreing Enlistment act, une interprétation qui équivaut à une véritable déclaration de neutralité. « Les bâtiments de notre escadre ne devant plus trouver dans les ports étrangers les facilités qu'ils ont rencontrées jusqu'à présent, il n'y a plus de raison pour qu'ils s'abstiennent de soumettre les navires neutres à une exacte surveillance. La situation nouvelle qui leur est faite détermine mon gouvernement (M. Waddington à Lord Granville) à avancer l'heure qu'il aurait choisie, pour revendiquer plein et entier exercice des droits reconnus aux belligérants (janvier 1885) (1). »

Ainsi, devant une semblable attitude, le gouvernement français ne pouvait répondre qu'en réclamant les avantages de la qualité de belligérant puisqu'il en supportait les inconvénients, c'est donc ce qu'il fit. Dans les instructions données au ministre de la Marine par Jules Ferry, ministre des affaires étrangères et président du

---

(1) Il est a noter qu'à ce moment le délégué anglais à la Conférence de Berlin proposait l'adoption d'une motion tendant à faire rentrer le charbon dans les objets de contrebande de fait. L'attitude décidée du délégué russe comte Kapnitz qui déclara que son gouvernement se refuserait à signer tout traité qui renfermerait cette clause, fit échouer la proposition britannique.

Conseil, le 14 février 1885, il est dit : « Devant l'insistance de l'amiral, pour obtenir l'autorisation de saisir le riz sous pavillon neutre, j'ai soumis la question à un nouvel examen, dont le résultat a été qu'aucune règle formelle du droit des gens, n'empêche de traiter accidentellement comme contrebande de guerre, une denrée dont la privation pourra conduire l'ennemi à demander la paix. »

Le 20 février, Jules Ferry donne les instructions suivantes aux représentants de la France, auprès des puissances maritimes.

« Les conditions dans lesquelles notre conflit avec la Chine se poursuivent, nous ont déterminé à user du droit qui nous appartient comme belligérant, de considérer et de traiter désormais le riz, comme contrebande de guerre. »

Et le 21 février... « Nous apprenons aujourd'hui que de grandes expéditions de riz doivent partir prochainement, pour se rendre dans le nord de la Chine ; nos agents dans l'Extrème-Orient. présentent la suspension de ces envois, comme étant susceptible d'exercer une action efficace sur le gouvernement de Pékin, et nous ne saurions nous dispenser d'y recourir, sous peine de nous priver de l'arme la plus puissante, que les circonstances placent dans nos mains...

... Quant à notre droit de faire entrer cette denrée dans la catégorie des articles prohibés, il ne paraît pas contestable. A côté des objets constituant par leur nature même la contrebande de guerre, comme les armes et les munitions, il en est d'autres dont le commerce peut-être accidentellement prohibé en temps de guerre, par suite de l'utilité particulière qu'en retirent les belligérants.

Cette note contenait, en outre ces explications, à savoir : « qu'il n'existe pas encore de classification rigoureuse des objets que le belligérant est fondé à traiter comme contrebande ; que la théorie et la pratique sont d'accord pour comprendre sous cette désignation des objets transportés à l'un des belligérants dans le but de faciliter les opérations militaires. Mais, à côté de ces articles, il en est d'autres qu'un des belligérants peut avoir un égal intérêt à intercepter, parce que son adversaire les utiliserait pour la guerre, et parce que la privation de tels approvisionnements le mettrait hors d'état de continuer la lutte.

« Dans notre rapport avec la Chine, le riz fait incontestablement partie de cette dernière catégorie : par sa nature même, il n'est pas compris dans la contrebande proprement dite, mais on peut l'y faire rentrer par une déclaration expresse, comme contrebande accidentelle. »

En réponse à la note du gouvernement anglais du 27 février, à laquelle il a déjà été fait allusion et qui, sans contester que les provisions puissent acquérir le caractère de contrebande quand elles sont à destination de la flotte ou d'un port de ravitaillement, refusait de

reconnaître que les provisions puissent être déclarées
contrebande en raison de la seule destination à un port
ennemi, le gouvernement français fournissait l'argu-
mentation suivante : « Notre résolution de traiter le riz
comme contrebande de guerre n'a rien que de conforme
aux doctrines soutenues par les hommes d'État du
Royaume-Uni jusque dans ces dernières années. Il en
ressort, en même temps, cette conclusion que, dans les
conditions actuelles de notre conflit avec la Chine, la
détermination à laquelle nous nous sommes arrêtés est
moins préjudiciable au commerce neutre que d'autres
mesures auxquelles nous aurions pu recourir légitime-
ment.

A ces considérations, on peut en ajouter une autre
qui rentre dans l'ordre d'idées où lord Granville s'est
placé dans sa communication du 27 février. Le gouvernement de Sa Majesté est d'avis que, pour attribuer
aux provisions le caractère de contrebande de guerre,
le point essentiel est de savoir s'il existe des circonstances qui démontrent que ces articles ne sont pas seulement destinés à l'usage ordinaire de la vie, mais qu'ils
doivent être affectés à un usage militaire. A ce point de
vue même, vous rappellerez que le plus grand nombre
des chargements de riz exportés des ports chinois du
sud vers le nord, ceux-là même dont le départ immi-
nent de Shangaï nous était signalé par l'amiral Courbet
il y a quelques semaines, représentant le montant de
l'impôt en nature, ou tribut, que les gouverneurs de

province envoient chaque année à la cour de Péking. On sait, d'autre part, que les soldats des armées impériales chinoises reçoivent une partie de leur solde en versement de riz et que le tribut des provinces est précisément affecté à cet emploi.

On peut dire, par suite, que les circonstances prévues par la communication de lord Granville, se trouvent réunies, et que les cargaisons de riz expédiées des ports du sud sont destinées à un usage militaire, outre qu'elles peuvent être considérées comme propriété de l'État ennemi et susceptible de capture à ce titre (1). »

Il est évident que cette mesure, au point de vue de la cessation des hostilités était fort utile et il est assez piquant de voir le gouvernement français retorquer à la Grande-Bretagne les arguments sur lesquels elle se fondait elle-même pour édicter ses prohibitions abusives.

Il est cependant regrettable que de semblables procédés aient été employés par la France, bien qu'il ne s'agisse là que d'une exception ne portant pas atteinte à la doctrine libérale qui sert encore de règle de conduite au gouvernement français.

---

(1) Takahashi. *Hostilités entre la France et la Chine*, 1884-1885. R. D. I , 1901. *Livre Jaune ;* affaires de Chine.

Russie.

La Russie s'était fait distinguer par ses vues libérales en ce qui concerne la liberté du commerce des neutres et la réglementation de la contrebande de guerre.

Son traité de 1766 avec l'Angleterre, peut servir de modèle en cette matière. C'est elle qui fut la promotrice des deux ligues de la neutralité armée de 1780 et de 1800, dans lesquelles sont reproduites le catalogue de 1766.

Lors de sa guerre avec la Turquie, en 1877, elle indiqua, par un ukase du 12 mai de la même année (1), les marchandises qu'elle considérait comme contrebande de guerre, à savoir « toutes espèces d'armes, le matériel et les munitions nécessaires pour les armes à feu, tout le matériel servant à faire sauter les obstacles (mines, torpilles, dynamite), celui du train des différents corps et enfin tout ce qui sert à habiller et équiper l'armée ».

Aussi, après une attitude semblable, sa conduite, au moment de sa récente guerre contre le Japon eut elle surpris, si l'on n'eût compris que cette dernière puissance ne pouvant nourrir tous ses habitants du produit de son sol, son ennemi espérait, en interdisant les importations, le réduire par la famine.

(1) V. *Revue de droit international*....., année 1877, p. 136, art. 4, des règles décrétées par le gouvernement impérial russe.

Voici le texte exact des règles que le gouvernement impérial devait appliquer durant son conflit avec la puissance nipponne (14-27 février 1904.)

« Art. 6. — Sont considérés comme contrebande de guerre, les objets suivants :

« 1º Les armes de tout genre, portatives et d'artillerie montées ou en pièces détachées, de même que les blindages ;

« 2º Les munitions d'armes à feu, telles que : projectiles, fusées d'obus, balles, amorces, cartouches, tubes de cartouche, poudre, salpêtre, soufre ;

« 3º Le matériel et les substances pour produire des explosions, tels que : torpilles, dynamite, pyroxyline, diverses substances fulminantes, fils conducteurs et tout ce qui sert à l'explosion des mines et torpilles ;

« 4º Le matériel de l'artillerie, du génie et du train, tels que : affûts, caissons, caisses ou ballots de cartouches, cuisines et forges de campagne, charettes à instruments, pontons, tréteaux de pont, fil de fer à pointes, harnachement, etc. ;

« 5º Les objets d'équipement et d'habillement militaire, tels que : gibernes, cartouchières, sacs, bricole, cuirasses, outils de sape, tambours, marmites, selles, harnais, pièces confectionnées d'habillement militaire, tentes, etc. ;

« 6º Les bâtiments se rendant dans un port ennemi, même sous pavillon de commerce neutre, si d'après leur construction, leur aménagement intérieur et autres indices, il y a évidence qu'ils sont construits dans un but de guerre et se dirigent vers un port ennemi pour y être vendus ou remis à l'ennemi ;

« 7° Chaudières et machines de tout genre de navires montées ou démontées ;

« 8° Combustible de tout genre, tels que : charbon, naphte, alcool et autres matériaux semblables ;

« 9° Matériel et objets pour des installations télégraphiques, téléphoniques ou pour la constructions de voies ferrées ;

« 10° En général tous les objets destinés à la guerre sur mer ou sur terre, de même que le riz, les vivres et les chevaux, bêtes de somme et autres, pouvant servir dans un but de guerre s'ils sont transportés pour le compte ou à destination de l'ennemi (1). »

Le 8 avril, la Russie déclarait en outre le coton contrebande de guerre.

Ces prohibitions exorbitantes, qui eussent entraîné l'interruption presque totale du commerce des neutres attirèrent au cabinet de Saint-Pétersbourg, les justes représentations des deux principales nations intéressées, l'Angleterre et les États-Unis.

Devant l'attitude de ces deux puissances, la Russie dut céder sur certains points. Voici comme Th. E. Iolland relate cet incident : ·

« La notification Russe a ignoré l'existence d'une

---

(1) *Correspondance respecting contraband of war*, p. 2.

classe de contrebande simplement conditionnelle. Elle
a traité comme confiscable dans chaque cas, non seulement le charbon, mais encore les provisions et même le
coton brut, en faveur duquel existe une forte présomption
d'innocence. Il est vrai que la Russie a abandonné cette
position extrême, à la suite des protestations vigoureuses
qu'élevèrent plusieurs puissances, notamment la Grande-
Bretagne et les États-Unis. Conformément à l'avis d'une
Commission présidée par le professeur Frédéric de
Martens, elle a décidé que, dorénavant, les vivres du
moins, seraient traités seulement comme contrebande
conditionnelle, suivant l'usage qui doit en être fait(1). »

La conduite de la Russie durant cette guerre fut, du
reste, très sévèrement jugée par les publicistes anglais
et américains, et un écrivain, M. Hershey, que j'ai déjà
eu occasion de citer, s'exprime en ces termes à l'égard
des règles édictées par cette puissance. « Russia will
thus be seen to have gone farther than any belligerent
has ever gone, at least since the time of the Napoleonic
wars, in the direction of a real or threatened attak upon
the rights and interests of neutral commerce. The Russian government, which more than a century ago was
the foremost champion of the freedom of neutral commerce, put forth for, we believe, the first time in the
history of civilized warfare the amazing pretension that

(I) Holland. *Les Devoirs des neutres dans la guerre maritime et
les événements récents*, R. D. I., 1905.

all such goods should be considered contraband, re-
gardless of destination or circumstances (1). »

Japon.

· Voici moins d'un demi-siècle que le Japon peut être
considéré comme un État civilisé, au même titre que
les nations européennes. Et cependant lors de la guerre
russo-japonaise, on doit reconnaître que les règles qu'il
adopta, furent, bien qu'arbitraires, moins restrictives
que celles du gouvernement russe.

. Ce fut à l'époque de sa guerre contre la Chine, que
la question des prises maritimes et de la contrebande
de guerre se posa pour la première fois au Japon.

Les instructions données le 7 septembre 1894, par le
ministre de la Marine, servirent de base pour le règlement appliqué lors de son dernier conflit : (Règlement
du 11 février 1904).

« 1° Seront considérés comme contrebande de guerre,
les objets ci-dessous, dans le cas où ils passeront par
un territoire ennemi, ou y devront arriver, ou seront
destinés à l'armée de terre ou de mer ennemie : les
armes, munitions, substances explosives, ainsi que leurs
matières premières, comme le plomb, le salpêtre et le

---

(1) Hershey. *International law and diplomacy of the Russo-
Japanese war*, p. 167.

soufre, et les machines servant à leur fabrication ; le crin et les uniformes, les objets d'équipements pour l'armée de terre et la marine, les plaques de blindage, les matériaux et machines pour la construction et l'armement des navires, ainsi que toutes les autres marchandises utilisables dans des buts de guerre ;

« 2° Seront également considérés comme contrebande de guerre, dans les cas seulement où ils seront destinés à l'armée de terre ou de mer ennemie, les vivres, boissons, chevaux, harnachements, fourrages, charbon, bois, monnaies, or et argent non monnayés, les appareils et matériaux pour l'établissement de télégraphes, téléphones et de voies ferrées ;

« 3° Lorsqu'il est certain que les objets sus-mentionnés trouvés à bord d'un navire sont simplement destinés à l'usage de ce navire, ils ne pourront être considérés comme objets de contrebande (1). »

Le Japon, ainsi qu'il ressort de cet exposé, s'est rallié complètement à la doctrine anglaise et américaine.

Italie.

Le royaume d'Italie n'a guère de passé historique. Sa doctrine actuelle, en ce qui concerne la contrebande

---

(1) Nagaoka. La guerre Russo-Japonaise et le Droit international. *Revue de Droit international*....., 1904, p. 460 et s

de guerre, se trouve dans l'article 216 du Code de la Marine marchande du 24 octobre 1877.

Celui-ci mentionne : « Les munitions de guerre de toute espèce et généralement tout ce qui, sans manipulation, peut servir à un armement immédiat maritime ou terrestre, sauf les conventions par traité et les déclarations spéciales faites au commencement des hostilités. »

Cette dernière restriction a été présentée, non comme une tendance du gouvernement italien à adopter les théories anglaises, mais simplement pour laisser entendre qu'avec les progrès des armements modernes, la liste des objets interdits ne pouvait être considérée comme immuable.

Un autre acte qui fait augurer une attitude libérale de la part de l'Italie, c'est son traité de 1871 avec les États-Unis, dont nous avons déjà eu l'occasion de parler.

Espagne.

Pendant sa guerre contre les Pays-Bas au XVIIᵉ siècle l'Espagne étendit outre mesure la liste des objets de contrebande, prohibant les munitions navales et les vivres.

Il faut reconnaître cependant qu'elle considérait alors les Hollandais comme des rebelles. Mais, depuis la fin du XVIIᵉ siècle, les lois espagnoles n'ont guère fait que reproduire les lois françaises sur cette matière.

En 1898, lorqu'éclata son conflit avec les États-Unis, la liste des objets qu'elle déclara interdire, fut des plus restreintes, et encore ne l'appliqua-t-elle pas intégralement. Cette liste ne contient ni les chevaux ni le charbon, mais elle mentionne le soufre et le salpêtre.

Cependant, sur les réclamations des gouvernements anglais et italien, elle céda et promit de ne pas considérer temporairement le soufre comme contrebande de guerre.

Hollande.

La Iollande, depuis le déclin de sa grandeur maritime, a modifié ses doctrines.

Puissante, elle fut un des États dont la législation arbitraire édicta les restrictions les plus abusives contre la liberté du commerce en temps de guerre.

En 1646, par un simple décret, elle interdit le transport des vivres aux ports espagnols. En 1689, elle prohibait encore de la même façon les grains, la farine, la viande et en général toutes les sortes de céréales et d'approvisionnements.

A la fin du XVIIIᵉ siècle, elle adopta une doctrine plus équitable, dans laquelle seules les armes et les munitions de guerre devaient être interdites.

Suède.

Au XVII⁰ et au XVIII⁰ siècles, la Suède a joué un rôle politique important. Il convient de remarquer qu'elle fut même au temps de sa prospérité, une puissance ennemie des prohibitions arbitraires. Il est vrai qu'il était de son intérêt de défendre la liberté du commerce des neutres.

Grande exportatrice de matériel maritime et de matières premières, elle risquait, quand les belligérants déclaraient les objets d'usage double contrebande, de voir son commerce paralysé, ou ses vaisseaux capturés par les parties en lutte.

Dans ses traités avec l'Angleterre, qui, plus que tout autre, avait intérêt à interdire le transport de ce matériel chez ses ennemis, elle chercha à obtenir l'exclusion de cette catégorie de marchandises des listes de contrebande.

Lorsqu'au XVII⁰ siècle, l'Angletere, en guerre avec l'Espagne, voulut prohiber le matériel maritime, la Suède, à qui un traité antérieur de 1656 avec cette première puissance assurait la libre circulation de ses produits, fit entendre de vives protestations. Elles aboutirent au traité de 1661 par lequel le trafic du matériel maritime était de nouveau déclaré libre.

Ce traité fut renouvelé en 1664 et 1665. Nouveau traité en 1720 renfermant la même clause.

Elle se laissa toutefois aller à interdire les vivres et autres approvisionnements, selon les tendances des parties avec lesquelles elle contractait. Cependant, en 1780, elle fut une des nations qui se joignirent à la Ligue de la neutralité armée ; mais dans son traité de 1803, avec l'Angleterre, elle dut admettre que le matériel maritime serait compris, selon les cas, dans la liste des objets de contrebande, soit qu'il fut travaillé ou non, produit du pays exportateur ou non, immédiatement applicable à des navires de guerre, ou simplement à des navires de commerce.

Enfin, dans le traité d'Oerebro de 1812, toujours avec cette même puissance, le matériel maritime était de nouveau déclaré exempt de saisie.

Les tendances du gouvernement suédois le portaient donc vers une réglementation stricte de la contrebande de guerre.

Son traité avec les États-Unis, de 1827, comprend encore, il est vrai, les chevaux dans la liste des objets prohibés, mais la législation actuelle, formulée dans le décret du 8 avril 1854, s'en tient à la liste de 1766 et n'ajoute aux objets militaires que le soufre, le salpêtre, les selles et les brides.

Danemark.

L'attitude du Danemark ne subit guère de modifications, sauf de rares exceptions, telles que la tentative d'interdire le commerce des vivres durant sa guerre contre la Suède en 1710. Il se laissa aller, il est vrai, dans certains de ses traités à des prohibitions excessives, telles que celle du matériel naval en 1742, dans son traité avec la France.

Mais il fit preuve, par la suite, de beaucoup de fermeté et de courage dans la défense des droits des neutres, il protesta énergiquement en 1793, contre l'interdiction du commerce des vivres décrétée par l'Angleterre, alors que cet État s'était engagé vis-à-vis de lui à ne pas les considérer comme contrebande, dans un traité conclu en 1780.

Il faut reconnaître que si cependant les vivres étaient exclus du catalogue de contrebande de ce traité, le matériel maritime, le salpêtre et les chevaux y étaient compris, de même qu'ils le furent dans le traité de 1814.

Depuis, durant ces dernières années, le Danemark est resté fidèle aux règles de la Ligue de la neutralité armée.

Autriche.

L'Autriche n'a joué un rôle maritime important en aucune période de son histoire.

Elle se rallia a la Ligue de la neutralité armée en 1781. Sa déclaration de neutralité du 25 mai 1854, interdit aux vaisseaux naviguant sous son pavillon, le transport des objets, qui, d'après le droit international ou les ordonnances publiées par les gouvernements belligérants, sont réputés contrebande de guerre.

Elle renouvelle cette défense dans son ordonnance du 3 mars 1864. La seconde partie de cette ordonnance semble indiquer une tendance du gouvernement autrichien à adopter la doctrine anglaise.

Allemagne.

Durant la guerre de 1870, l'Allemagne prétendit ranger le charbon dans les objets réputés contrebande de guerre : « Si, dit Kleen, cette mesure prise par le gouvernement allemand devait être envisagée, comme l'application d'un système, elle serait à déplorer, tant à cause de la prohibition elle-même, qui est contraire au droit, que parce qu'elle montrerait, qu'un des États les plus fidèles aux traditions de la neutralité armée, un des gouvernements les plus persistants à maintenir la limitation exacte de la contrebande aux munitions de guerre, aurait dévié de ce principe excellent, pour s'aventurer dans la voie incertaine des défenses accidentelles (1). »

Il est possible que les aspirations de l'empire d'Allemagne soient plus ambitieuses que celles de la Prusse. Sa puissance encore récente, le développement de son commerce maritime et de sa flotte de guerre lui inspireront peut-être une autre attitude. Mais en attendant, elle s'en est tenue à la réglementation prussienne sur les prises.

Dans ses listes de contrebande, la Prusse n'a compris généralement que les armes, munitions, et quelquefois le soufre et le salpètre. Elle signa la Ligue de la neutralité armée et resta fidèle à son principe.

Le règlement prussien promulgué le 20 juin 1864, ne contenait plus le soufre et le salpètre parmi les marchandises prohibées, mais il maintenait les selles et les brides. Le matériel maritime et les chevaux avaient été exclus de sa liste.

Mais ce règlement est aujourd'hui abrogé et n'a pas été remplacé, ce qui prouve que le gouvernement allemand désire garder toute sa liberté d'action et ne se point lier pour l'avenir.

(1) Kleen. *De la contrebande de guerre*, p. 165.

La Grèce se borne dans sa déclaration de neutralité du 1/13 mai 1863, à déclarer qu'elle observerait une stricte neutralité conformément aux lois des nations et au droit des gens.

III. — DÉVELOPPEMENT DOCTRINAL DE LA NOTION DE CONTREBANDE DE GUERRE.

Pour terminer cette étude sur la notion de contrebande de guerre, il est nécessaire de définir le rôle de la doctrine en cette matière.

Je ne me propose pas de présenter la liste des publicistes, ce qui, d'ailleurs, vu la divergence de leurs opinions, ne contribuerait qu'à rendre plus confuse la notion de contrebande, et, ne permetterait pas de percevoir nettement les tendances actuelles. Je les grouperai uniquement d'après la part qu'ils ont su reconnaître et réserver aux principes de droit dans cette question. La notion de contrebande s'est à vrai dire fort lentement développée, et ce n'est qu'au XVIIe siècle, qu'elle commence à se dessiner avec les théories de Gentilis et de Grotius. Ce fut à cette époque qu'eut lieu l'éclosion

des principes arbitraires basés sur les seuls droits des
nations en guerre, et que Grotius imagina la célèbre
classification tripartite des marchandises dont il a déjà
été fait mention.

Nous allons passer en revue les principales opinions
qui se sont fait jour à ce sujet.

Ce qui frappe de prime abord, c'est, dans cette étude,
l'absence chez un grand nombre des publicistes de
vues élevées, de vues d'ensemble.

Leurs systèmes ne sont point appuyés sur des principes juridiques ou des idées d'équité, mais sur l'état
de choses existant, selon les coutumes des nations et les
traités. Ils ont fondé leurs doctrines sur des faits et des
actes arbitraires, comme si ceux-ci étaient susceptibles
de servir de base à des règles de droit.

Certains, comme Lampredi et Vattel (1), ont été jusqu'à déclarer, que toute réglementation de cette
matière était impossible, les droits des neutres et des
belligérants étant également absolus, opposés et incon-
ciliables, niant ainsi toute possibilité d'entente.

D'autres, parmi lesquels un grand nombre de publicistes anglais et américains, n'ont eu en vue qu'un seul
but, approuver et défendre les théories arbitraires, en
faveur dans leurs pays d'origine. Loin de chercher à
asseoir la notion de contrebande sur des principes juridiques, ils n'ont au contraire songé qu'à lui donner en

---

(1) Vattel. *Droit des gens*, liv. III, ch. VII.

tout et pour tout fondement, les intérêts britannique et américains, tel Wheaton (1), qui nie la possibilité d'établir un principe stable, et réserve la fixation de la contrebande à chaque cas spécial ; tel encore sir Robert Philimore, qui déclare qu'une réglementation stricte de cette notion est peut-être impossible, et, pour y remédier, se base sur les doctrines anglaises et américaines, et créé ainsi une classification toute arbitraire (2).

Quelques-uns d'entre les auteurs, sans cependant restreindre le droit des belligérants, ont cherché à donner aux neutres un peu plus de sécurité ; ainsi sir Travers-Twiss (3) demande que, si une puissance veut se réserver le droit d'augmenter les prohibitions accidentelles, elle en fasse la déclaration avant la guerre et désigne les articles qu'elle entend éventuellement prohiber. Mais il considère, à tort, que les conventions internationales, sur la question de contrebande, sont défectueuses, parce que, dit-il, les objets à prohiber varient, soit par exemple qu'il s'agisse d'une guerre continentale ou d'une guerre maritime.

Quelques écrivains ont senti les défauts provoqués par le manque de règles fixes concernant la contrebande

---

(1) Wheaton. *Éléments de Droit international*, t. II, p. 138 et suiv.

(2) Philimore. *Commentaries upon international law*, t. III, ch. 1er, p. 403, 420.

(3) Travers-Twiss. *Des droits et des devoirs des nations en temps de guerre*, 143.

et ont cherché à y remédier, tout au moins dans la partie doctrinale de leur œuvre. Mais, au moment d'indiquer les moyens de mettre leurs théories en pratique, ils ont fait des concessions aux doctrines inverses et ont ainsi ouvert la porte à tous les abus.

Ainsi Bynkershoek (1), qui, après avoir défini avec précision et clarté la notion de contrebande, comme comprenant les objets faits exprès et spécialement pour la guerre, déclare plus loin contrebande ce qui peut y être employé.

Il en est de même pour Gessner (2), qui déclare d'abord ne considérer comme telle, que les armes et les munitions, puis conclut en demandant l'abolition de la distinction entre la contrebande absolue et la contrebande relative.

Bluntschli (3) et Pérels (4) peuvent être également cités parmi ceux-ci. L'un, bien que se déclarant partisan de la seule contrebande absolue, finit par admettre deux sortes de contrebande. L'autre, tout en reconnaissant qu'une définition qui s'appliquerait aux seuls objets d'usage spécialement militaires, répondrait mieux aux idées actuelles, n'en développe pas moins la doctrine britannique avec toutes ses conséquences.

Parmi ceux qui, au contraire, n'approuvent en cette

---

(1) Bynkershoek. *Quœstionum juris publici*, libri II, l, 1er, cap. 10.
(2) Gessner. *Le droit des neutres sur mer*, ch. 1er, p. 82 et s.
(3) Bluntschli. *Le Droit international codifié*, §§ 801-805.
(4) Pérels. *Manuel de Droit international maritime*, p. 271.

matière que l'application des principes juridiques et rejettent les théories fondées sur les nécessités de la guerre et les seuls droits des belligérants, figurent des publicistes tels que Azuni, Hautefeuille et Woolsey.

Azuni (1), bien que se basant sur les traités et conventions, aboutit cependant à cette juste conclusion, que la contrebande ne doit comprendre que les marchandises directement utilisables à la guerre.

Avec Hautefeuille (2), la notion de contrebande est ramenée à ses justes limites, aux objets immédiatement propres à la guerre.

Woolsey (3) pose nettement cette théorie, que ce ne sont pas les articles qui apportent à l'ennemi même un secours direct, mais bien à ses opérations militaires, qui doivent être prohibés.

Mais il est un des partisans de cette doctrine qui pousse un peu loin ses conclusions, c'est Richard Kleen (4). Il en arrive, après avoir montré les contradictions des diverses opinions basées sur le seul droit des belligérants et l'arbitraire qui s'ensuit, à imposer aux États neutres, sous prétexte de faire respecter leurs droits, des devoirs, dont les conséquences pour-

(1) Azuni. *Droit maritime de l'Europe*, t. II.

(2) Hautefeuille. *Des droits et des devoirs des nations neutres en temps de guerre maritime*, t. II, p. 497 et suiv.

(3) Woolsey. *Introduction to the study of international law*, §§ 179, 180, 181.

(4) Richard Kleen. *De la contrebande de guerre et des transports interdits aux neutres*, p. 43 et s.

raient être plus néfastes pour eux, que la situation actuelle.

Enfin, quelques auteurs sont également tombés dans l'excès, en niant la notion même de contrebande.

Tels sont Coccepi et Klüber (1). Ce dernier ne voit, dans la notion de contrebande, qu'une interdiction de commerce purement conventionnelle. Il considère que les objets prohibés ne le sont que dans le cas où des stipulations contractuelles l'auraient décidé et que, sans cela, leur trafic est parfaitement naturel ; il dénie donc à cette notion tout fondement juridique.

Mais avant de terminer cet exposé, il convient de rappeler le rôle important joué par l'Institut de Droit international (2), dont j'ai déjà eu l'occasion de mentionner les travaux remarquables en vue de faciliter la réglementation internationale de la contrebande de guerre.

(1) Kluber. *Droit des gens moderne de l'Europe*, § 287 et suiv.
(2) *Annaire de l'Institut international*, t. xv et xvi.

DEUXIÈME PARTIE

CHAPITRE PREMIER

THÉORIE DE LA CONTINUITÉ DU VOYAGE

I. — 1º De la destination. Des origines de la doctrine de la continuité du voyage.

II. — 1º État actuel de la théorie de la continuité du voyage. — Application de cette théorie aux navires neutres transportant de la contrebande de guerre à un port neutre, présumée devoir être reexportée, soit sur le même navire, soit sur un navire différent à un port ennemi. — 2º Application de cette théorie aux navires neutres transportant de la contrebande de guerre à un port neutre, présumée devoir être reexpédiée par voie de terre sur le territoire ennemi.

III. — Critique de la notion de la continuité du voyage. — L'Institut de Droit international et la théorie de la continuité du voyage.

I. — 1º DE LA DESTINATION.

Avant de développer la théorie de la continuité du voyage, il importe de revenir sur une distinction déjà faite dans la première partie de cette étude, lors de la définition de l'expression « destination ».

Ce n'est plus ici dans le sens d'emploi présumé, mais bien dans celui de transport dirigé vers un port déterminé que nous l'envisagerons.

La destination ainsi comprise est au premier chef un élément constitutif du fait de contrebande. C'est sur cet élément que ce sont fondés les deux systèmes actuellement en vigueur ; le système français, compris dans le règlement du 26 juillet 1878. qui autorise la saisie « des navires des États neutres qui seraient chargés de marchandises de contrebande destinées à l'ennemi ». La destination des objets est donc considérée ici comme capitale ; celle du navire, au contraire. importe peu pour faire admettre ou repousser la violation des devoirs de neutralité ; le système anglais se trouve dans le manuel naval des prises, publié en 1888. Dans cette doctrine, ce n'est plus la destination des objets, mais celle du navire vers un port ennemi ou ses flottes, qui détermine le caractère délictueux des transports. Le sort des marchandises est ainsi lié au sort du navire.

Voici les règles de l'amirauté :

a) « La destination du navire doit être considérée comme neutre, si le port où il va et tous les ports intermédiaires où il doit relâcher dans le cours de son voyage sont neutres.

b) « La destination du navire doit être considérée comme hostile. si le port où il va ou tout autre point intermédiaire dans lequel il doit relâcher au cours de son voyage, sont hostiles, ou bien si, dans le cours du voyage, il doit rejoindre la flotte ennemie en mer. Il arrive fréquemment que la destination du navire est annoncée dans ses papiers, comme devant dépendre des éventualités. Dans ce cas, la destination doit être présumée hostile, si quelqu'un des ports où une de ces éventualités peut le déterminer à toucher ou à se rendre est hostile ; mais cette destination peut être repoussée, en établissant la preuve évidente que son capitaine a définitivemeut abandonné une destination hostile pour en atteindre une autre.

c) « La destination du navire est concluante, en ce qui concerne la destination des marchandises à bord. Par conséquent, si la destination du navire est hostile, la destination des marchandises à bord doit être aussi considérée comme hostile, quoiqu'il ressorte des papiers ou d'autres témoignages, que les marchandises même n'ont pas pour destination un port hostile, mais qu'elles sont destinées à être transportées au-delà à un port neutre ultérieur.

« D'autre part, si la destination du navire est neutre, la destination des marchandises à bord doit être considérée comme neutre, quoiqu'il ressorte des papiers ou d'autres témoignages, que les marchandises mêmes ont une destination hostile ultérieure, qu'elles doivent atteindre au moyen d'un transbordement d'un transport par terre ou autrement. »

Il est entendu que les papiers de bord feront foi de la

destination, à moins qu'ils ne soient faux ou simulés ou manifestement incomplets.

Mais quel que soit le système auquel on se réfère, on voit qu'il y des cas, suivant le droit international, où, la contrebande est à l'abri de la saisie sur mer. Si nous supposons le cas d'un navire dont les papiers sont en règles, faisant voile avec une cargaison d'armes et de munitions de guerre à destination d'un port neutre, et, dont la cargaison soit dirigée, à l'arrivée dans ce port, vers un port ennemi, soit sur le même navire, soit sur un autre, il n'y aura véritablement acte de contrebande que dans la deuxième partie du trajet, et il ne saurait être question de capturer les marchandises durant le premier voyage.

C'est pour parer à cette situation que les neutres utilisaient pour transporter la contrebande, en intercalant une escale dans un port neutre rapproché du port ennemi où ils se rendaient (diminuant d'autant les dangers de la saisie) que les Anglais ont imaginé l'application de la théorie de la continuité du voyage à la contrebande de guerre. Elle tint les deux voyages comme ne constituant qu'une seule et même traversée, et considéra que le navire pouvait être saisi, même dans la première partie de son trajet.

Ceci posé passons à l'étude même des origines de la théorie de la continuité du voyage.

2° DES ORIGINES DE LA THÉORIE DE LA CONTINUITÉ DU VOYAGE.

La règle sur laquelle fut basée cette théorie est con-
nue sous le nom de règle de la guerre de Sept Ans.
Voici en quelles circonstances elle avait été établie. Le
commerce des États avec leurs colonies était à cette
époque considéré comme un trafic purement national. Mais il en résultait un grave inconvénient en
temps de guerre ; les relations entre la métropole et
ses colonies, pouvant être interceptées par les flottes
ennemies.

Aussi l'autorisation de commercer entre les colonies
et la mère patrie fut-elle accordée par certaines nations
aux sujets d'un État neutre, le pavillon neutre proté-
geant ainsi le trafic menacé.

Mais ce droit interdit au neutre en temps normal et
qui leur était concédé seulement pour le temps des hostilités par l'un des belligérants, fut considéré par la partie adverse comme abusif et l'acte des neutres qui se
livraient à ce commerce, comme incompatible avec l'état
de neutralité.

Aussi lorsqu'éclata la guerre entre la France et l'Angleterre (1756), cette dernière puissance déclara-t-elle
l'intercourse entre la France et ses colonies, que cette
puissance avait accordée aux Iollandais, contraire au
devoir de neutralité et annonça-t-elle l'intention de

traiter les navires hollandais qui faisaient ce trafic comme des navires ennemis.

Pour échapper à la situation qui leur était faite, les neutres imaginèrent le subterfuge suivant : se basant sur ce fait que le commerce des colonies était admis, d'une part comme licite avec les nations neutres, et que, d'autre part, celles-ci pouvaient trafiquer librement avec les belligérants ; ils résolurent de scinder le transport des produits d'une colonie à sa métropole, en deux parties distinctes. Ils dirigèrent donc les produits coloniaux vers un port neutre et de ce port neutre les transportèrent ensuite vers leur destination finale.

C'est contre cette aventure de nouvelle forme, que sir William Scott (Lord Stowell) imagina la théorie dénommée, de la Continuité du Voyage. Il déclara illégale quoique licite en la forme, cette manière de transport mensongère et décida que la saisie serait possible au moins pendant la deuxième partie du voyage. « que les articles devaient être pris en flagrant délit, *in délicto*, dans le cours réel, actif, du voyage, vers un port ennemi ».

Telle était cette règle de la Continuité du Voyage appliquée à l'intercourse coloniale.

II. — 1° ÉTAT ACTUEL DE LA THÉORIE DE LA CONTINUITÉ
DU VOYAGE.

*Application de cette théorie aux navires neutres
transportant de la contrebande de guerre à un
port neutre, présumée devoir être reexportée soit
sur le même navire, soit sur un navire différent
à un port ennemi.*

La théorie de la continuité du voyage telle qu'elle
est comprise actuellement, n'est donc pas une chose
nouvelle, mais bien selon l'expression même de Travers-Twiss, « une greffe entée sur un vieux tronc
pourri aujourd'hui. » Mais, elle constitue une double ·
aggravation à la doctrine primitive ; en ce sens, d'abord,
qu'elle ne s'applique plus au cas pour lequel elle était
prévue, puisque l'intercourse coloniale n'est plus en
général, interdite, aux navires étrangers ; mais qu'elle
s'applique au trafic des articles de contrebande de
guerre et en second lieu en ce que la présomption de
fraude peut être admise dès la première partie du
voyage et quand le navire se dirige vers un port neutre.

Ce fut la jurisprudence américaine qui contribua surtout à l'extension de cette théorie, se basant sur une
présomption de destination des marchandises de contrebande, et les saisissant, bien que le navire sur lequel

elles se trouvaient ne dût les transporter que jusqu'à un port neutre.

Mais la pratique ne s'en est pas tenue là, ainsi que nous le verrons, en abordant la question soulevée par la saisie du *Doelwyk*, et l'attitude du gouvernement britannique pendant la guerre du Transwaal.

Saisie de la « Vrow-Howina ».

Le navire la *Vrow-Howina*, capitaine Rostee, parti de Lisbonne, à destination déclarée de Iambourg, fut arrêté le 28 novembre 1855 par l'aviso *Phénix* à huit milles en pleine à l'ouest du cap Rocca, comme soupçonné de transport illicite de contrebande de guerre (1). Ce bâtiment avait à bord 973 sacs de salpêtre désignés sur le manifeste et les connaissements sous la simple dénomination de marchandises, « les connaissements y relatifs signés seulement du capitaine indiquent que le changement avait été fait par le sieur Roiz à son ordre et à destination de Iambourg ; que ces 973 sacs provenaient intégralement du chargement apporté d'Angleterre à Lisbonne le 17 octobre dernier par le navire *le Julius*, d'où il avait été transporté sur *la Vrow-Howina* par les soins du sieur Schaltz, négociant à Lisbonne, à qui ils avaient été consignés par connaissement au sieur John Esken de Londres », que l'exportation d'Angleterre avait eu lieu au moyen de trois

---

(1) Calvo. *Le Droit international théorique et pratique*, t. IV, p. 30.

acquits à caution, « portant engagement d'en faire constater le débarquement dans le pays de destination, et
que, pour remplir cet engagement, Schaltz avait obtenu
du consul d'Angleterre à Lisbonne un certificat attestant,
d'après ses déclarations, que le dit salpêtre était destiné
à être consommé dans ce pays et non à être réex-
porté..... »

La sentence rendue le 26 mai 1855, par le tribunal
des prises déclara que « le salpêtre est un objet susceptible d'être contrebande de guerre ; que la contrebande
de guerre est saisissable sous pavillon neutre quand elle
appartient à l'ennemi, ou quand elle est dirigée vers le
territoire, les armées ou les flottes ennemies.

Que le commerce des objets de contrebande ne saurait être présumé licite, qu'à la condition d'être effectué
avec la plus entière bonne foi et la plus complète sin-
cérité, et toute dissimulation, toute fraude ou tout dol,
dont ce commerce serait accompagné, doivent de plein
droit le faire déclarer illicite ; et que c'est à ce commerce surtout qu'il importe d'appliquer avec rigueur le
principe d'après lequel il y a lieu de considérer comme
appartenant à l'ennemi, les objets dont la propriété
neutre ou amie n'est pas justifiée par les pièces trou-
vées à bord.

La sentence se base sur les présomptions suivantes,
pour établir le caractère délictueux du transport.

Considérant « qu'il est d'autant plus permis de sup-
poser que la destination de Hambourg n'était qu'appa-

rente, et que la *Vrow Howina*. après avoir débarqué dans ce port son chargement licite, devait relever pour un port ennemi de la Baltique ; que son départ de Lisbonne coïncidait précisément avec la retraite des escadres alliées qui laissaient les ports neutres débloqués. et que cette dissimulation de plus sur les papiers de bord ne seraient que la reproduction d'une fraude analogue à l'aide de laquelle ce même bâtiment avait été précédemment expédié de Lisbonne pour Elseneur, par le même négociant Schaltz, avec un chargement destiné en réalité à la Russie.

« Mais que sans recourir même à cette supposition, l'expédition du navire pour Hambourg cachait suivant toute apparence sinon pour le navire, du moins pour le chargement une destination ennemie. attendu qu'il est de notoriété publique que la ville de Hambourg a reçu dans le courant de l'année dernière, des quantités de salpêtres. soit à l'état de nitrate de potasse, soit à l'état de nitrate de soude, qui excédaient de beaucoup ses importations habituelles.

« Qu'au mois de décembre dernier, à l'époque même où la *Vrow Howina* pouvait être attendue à Hambourg. des tentatives étaient faites par les négociants de cette ville, pour obtenir d'un armateur de Lubeck l'affrètement d'un bâtiment destiné à porter en Russie du plomb. du salpêtre, du soufre..... »

En résumé. considérant le caractère frauduleux de l'expédition de contrebande de guerre faite sous un nom supposé et dissimulée sur les papiers de bord ; eu égard au lieu de destination rapprochée du pays ennemi et servant de voie habituelle à son approvisionnement ; toutes ces circonstances contribuent donc à justifier la confiscation des objets saisis.

Ainsi qu'il ressort de ces considérants, la décision du tribunal français était basée sur de fortes présomptions de culpabilité, et si le gouvernement français a été le premier à appliquer en pareil cas la théorie de la continuité du voyage, il ne l'a pas fait, du moins, à la légère.

En rapprochant ce jugement de ceux rendus par les tribunaux des Etats-Unis, on se rend compte de toute l'aggravation et de l'extension arbitraire qu'ils ont données à cette théorie.

Saisie du « Springbok ».

Dans le cas de la *Vrow Howina*, il n'est question que de contrebande de guerre. Dans l'affaire du *Springbok*, la question se complique d'une présomption de tentative de violation de blocus.

Il s'agissait d'une barque anglaise, le *Springbok*, partie de Londres à destination de Nassau (île de la Nouvelle Providence).

Elle avait quitté Londres le 2 décembre 1862, avec un chargement, dont une petite partie seulement avait le caractère de contrebande de guerre et était frétée pour Nassau, sa charte partie figurait parmi ses papiers

de bord. A 150 milles environ de ce port, elle fut captu-
rée par le vaisseau de guerre américain *Sonoma* et
envoyée à New-York. Le navire et le chargement furent
par jugement considérés de bonne prise.

Le juge Betts s'exprimait ainsi dans la sentence qu'il
rendit :

« Lorsque, dès la sortie du port neutre, les articles
de contrebande sont destinés à l'ennemi, ils sont léga-
lement passibles de confiscation ; lorsqu'en fait ces articles doivent être livrés et débarqués sur un point autre
que celui spécifié dans les pièces du bord, et qu'ils y
sont réellement mis à terre et vendus, ce changement
dans la destination déclarée à la sortie emporte confiscation ; la répartition d'un chargement de marchandises
illicites en plusieurs lots, transportés successivement à
destinations par des navires différents, ne détruit pas
l'unité de l'opération primitive, laquelle subsiste intacte
malgré les transbordements successifs auxquels elle a
pu donner lieu ; la subdivision par lots et l'emploi de
plusieurs navires ne peuvent en effet avoir pour conséquence de rendre légitime et innocent ce qui, opéré en
bloc, en une seule fois et par un seul bâtiment, aurait
été défendu comme illicite.

Que le navire doive simplement faire escale dans un
port neutre et continuer ainsi son voyage vers un port
ennemi, ou que le chargement doive être transbordé
dans le premier port pour, de là, être reexpédié à destination du second, l'acte n'en constitue pas moins une

infraction aux règles établies ; et dans les deux cas, il y a réellement une opération unique et complète depuis le point de départ jusqu'au lieu final de destination.

Le juge américain déclarait que le dit navire, au moment de la capture en mer, était sciemment chargé en tout ou en partie, d'articles de contrebande avec l'intention de livrer ses articles à l'aide et à l'usage de l'ennemi.

Ce jugement frappé d'appel ne fut adopté qu'en partie par la Cour suprême de New-York.

Elle relâcha le navire, mais condamna le chargement comme étant non douteux pour elle, que ses propriétaires l'avait embarqué dans l'intention de le transporter à Nassau et de l'expédier ensuite à quelque port bloqué.

Cette intention, pour les membres de la Cour, résultait des deux faits suivants : « 1° Le port de Nassau était constamment et notoirement fréquenté comme port d'escale et de transbordement, par des personnes occupées à transporter de la contrebande de guerre à l'ennemi : 2ᶜ en considérant la nature du chargement propre à l'usage militaire, il n'était pas douteux qu'il ne fut destiné aux ports des État rebelles, les seuls où il pouvait être utilisé. »

Sir Vernon-Harcourt s'est exprimé ainsi à l'égard de cette sentence : « Nous reconnaissons que la loi a été interprétée fidèlement dans le jugement de la Cour suprême des États-Unis et que la justice en est évidente,

si le chargement pris en Angleterre devait effectivement
être transporté à Nassau pour être ultérieurement conduit dans un port ennemi. Par contre, si, comme le pré-
tendent les réclamants, l'embarquement de la cargaison a eu lieu sans autre intention que celle de la
remettre au consignataire de Nassau pour être vendue
bona fide par ses soins, il n'y avait pas lieu à confiscation, alors même qu'elle se serait composée intégralement d'objets de contrebande de guerre, ou que les
acheteurs de Nassau l'auraient acquise avec l'arrière-
pensée de la reexpédier à l'ennemi. La première observation que nous ferons, c'est que toutes les fois qu'un
navire semble réellement et de bonne foi destiné à un
port neutre — et c'est ici le cas — c'est aux capteurs à
fournir la preuve claire et concluante du contraire.

« La Cour suprême de Washington a dit avec raison
que la confiscation doit reposer sur la destination primitive et originaire du chargement ; mais quand on
examine de près les arguments invoqués à l'appui de
la condamnation, on voit qu'ils sont inexacts en fait et
erronnés en droit. . . . .

« La Cour suprême s'appuie également sur le caractère et la composition de la cargaison pour en déduire
que la destination finale ne pouvait pas être Nassau. Ce
point, sur lequel la sentence insiste tout particulièrement, nous semble reposer sur une erreur manifeste.

« Le fait qu'une partie du chargement, voire même
la totalité, constituait un cas de contrebande, loin de

prévaloir contre la destination déclarée, la prouve indirectement parce qu'il était beaucoup plus plausible d'expédier de la contrebande de guerre vers le port neutre de Nassau que vers les ports des belligérants. »

Gessner a fait nettement ressortir les dangers de la théorie américaine (1) : « La théorie de la Cour suprême des États-Unis, à propos de l'affaire de Springbok, est un pas de plus sur cette pente glissante. Elle renferme, en outre, une menace ouverte contre le droit des gens, et, jointe à la procédure également approuvée par la Commission de Washington, équivaut en principe que la propriété neutre sur mer est aussi bien exposée à la capture que la propriété ennemie. »

« Ce sera peine perdue pour le futur historien du Droit des gens, déclare à son tour sir Travers-Twiss (2), de mentionner, en témoignage des adoucissements apportés dans les guerres maritimes modernes aux procédés à l'égard du commerce de l'Océan, les concessions faites, aux termes de la déclaration de Paris, à la propriété ennemie chargée à bord d'un navire neutre à destination d'un port neutre, si la propriété neutre chargée à bord du même navire doit être passible de confiscation, suivant le droit général, sur soupçon de sa destination ultérieure à des usages ennemis. »

Il faut citer, en cette place, la consultation à laquelle

---

(1) Gessner. *Droit des neutres sur mer*, p. 233.
(2) Travers-Twiss. *De la théorie de la continuité du voyage*, p. 35.

collaborèrent les plus éminents jurisconsultes (1), à savoir MM. Arntz, Asser, Bulmerincq, Gessner, Iall, de Martens, Pierantoni, Louis Renault, Albéric Rolin, sir Travers-Twiss.

« Que la théorie de la continuité du voyage, telle quelle a été admise par la Cour suprême des États-Unis d'Amérique, lorsqu'elle a déclaré de bonne prise le chargement du navire le *Springbok* (1867), bâtiment voyageant d'un port neutre vers un port neutre, est en opposition avec une règle reconnue par le droit coutumier de la guerre maritime suivant laquelle la propriété neutre sur bâtiment portant pavillon neutre, et expédiée d'un port neutre vers un autre port neutre, n'est pas sujette à confiscation ni à saisie par un belligérant comme prise légitime de guerre ; qu'un semblable commerce entre ports neutres a été de tout temps reconnu comme parfaitement libre selon le droit des gens, et que la théorie nouvelle mentionnée plus haut, suivant laquelle on a présumé la destination ultérieure du chargement à un port ennemi, après qu'il aurait été débarqué dans un port neutre, aggraverait les entraves imposées au commerce maritime des neutres, et permettrait de l'anéantir pour ainsi dire, suivant les expressions de Bluntschli, en assujettissant leur propriété à la confiscation, non sur la preuve du voyage actuel du bâtiment et de son chargement vers un port ennemi, mais

(1) *R. D. I.*, année 1882, p. 328.

sur le soupçon que le chargement, après avoir été débarqué dans le port neutre, pourrait être rechargé à bord de quelque autre bâtiment et transporté vers un port ennemi en état de blocus effectif.

Que la théorie en question tend à réagir contre les efforts que font les puissances européennes pour faire prévaloir la doctrine uniforme de la non-saisie de toute marchandise sous pavillon neutre, à l'*exception de la contrebande de guerre*.

Qu'elle doit être considérée comme une atteinte grave aux droits des nations neutres, puisqu'il en résulterait que la destination d'un bâtiment neutre à un port non ennemi ne suffirait plus pour empêcher de saisir les marchandises non contrebande de guerre qui s'y trouvent.

Qu'il en résulterait en outre, *quant au blocus*, que tout port neutre auquel aurait été expédié un chargement neutre, à bord d'un navire neutre, deviendrait un port bloqué par interprétation, dès qu'il y aurait des motifs de soupçonner que le chargement, après son débarquement en port neutre, pourrait être ultérieurement rechargé sur un autre bâtiment, et expédié vers un port réellement bloqué.

En conséquence, les soussignés concluent :

Qu'il est très désirable que le gouvernement des États-Unis d'Amérique, lequel a été le promoteur zélé de plusieurs améliorations apportées aux règles de la guerre maritime dans l'intérêt des neutres, saisisse la première occasion pour proclamer, dans telle forme qu'il jugera convenable, qu'il n'a pas l'intention d'accepter et de consacrer la théorie ci-dessus formulée comme élément de sa doctrine juridique sur les prises maritimes et pour déclarer qu'il désire que la condamnation du chargement du *Springbok* ne soit pas adoptée par ses tribunaux comme précédent de jurisprudence et comme règle de leur décision pour l'avenir. »

Mais, malheureusement, la théorie de la continuité du voyage ne s'est pas arrêtée là, elle s'est étendue du cas d'un navire neutre transportant à un port neutre de la contrebande de guerre que l'on soupçonne devoir être réexpédiée soit sur le même navire, soit sur un navire différent à un port ennemi, au cas d'un navire transportant dans un port neutre de la contrebande de guerre soupçonnée devoir rejoindre le territoire ennemi par voie de terre.

2° APPLICATION DE LA THÉORIE DE LA CONTINUITÉ DU VOYAGE AUX NAVIRES NEUTRES TRANSPORTANT DE LA CONTREBANDE DE GUERRE A UN PORT NEUTRE, PRÉSUMÉE DEVOIR ÊTRE RÉEXPÉDIÉE PAR VOIE DE TERRE SUR LE TERRITOIRE ENNEMI.

Saisie du « Doelwyk ».

Cette nouvelle extension de la théorie du voyage continu fut imaginé par le gouvernement italien en guerre avec l'Abyssinie : voici en quelles circonstances.

Un navire hollandais parti de Rotterdam, direction de Port-Saïd pour ordres, avec un équipage enrôlé pour Kurrachee (Indes anglaises) fut arrêté le 8 août 1896, dans la mer Rouge, alors qu'il se dirigeait vers la baie de Tadjoura, par le croiseur italien *Etna* et conduit à Massouah, où l'on procéda à la vérification de ses papiers de bord, de son chargement et de sa nationalité.

Son chargement se composait de munitions, fusils, sabres, etc. En ce qui concerne sa nationalité, on constata une contradiction entre la patente de santé délivrée à Port-Saïd, en tant que vaisseau anglais, et sa patente de nationalité qui le donnait comme hollandais. Pour ses papiers de bord il fut constaté que le *Dolwyk*, propriété du sieur Ruys, avait été affrété par la maison Lacarrière et fils, de trois mois en trois mois, avec condition que l'affréteur se substituerait aux droits de l'armateur pour les ordres à donner ; de plus, tandis que la déclaration de destination avait été faite à Rotterdam pour Kurrachee, les connaissements signés du capitaine indiquaient Port-Saïd pour ordres.

En outre, ces connaissements ne donnaient pas le nom des destinataires, les marchandises étant consignées à l'ordre. Que pourtant la maison Lacarrière avait produit quatre autres connaissements identiques avec la destination de Djibouti, signés aussi par le capitaine Remmers, et qu'il résultait d'une partie de la correspondance avec le sieur Ruys, que les armes devaient être transportées à Djibouti, ou leur consignation et débarquement avaient été prévus (1).

Un conseil des prises fut constitué et le jugement rendu le 8 décembre 1896. Ce jugement est intéressant à plusieurs points de vue.

Il réglait d'abord une question préjudicielle. Le vapeur hollandais avait été saisi en août 1896 ; la paix fut signée le 26 octobre de la même année et la Commission des prises ne termina l'examen de l'affaire qu'en décembre.

La question était donc la suivante : un jugement portant confiscation, pouvait-il être prononcé après la cessation des hostilités.

Ce point tranché, le jugement se réfère à l'étude des questions de fond et spécialement à la question de la destination du navire et à celle du chargement. M. Diéna avait développé en plusieurs articles la thèse suivante : Que l'Abyssinie ne possédant aucun territoire touchant la mer, il était vraisemblable que les papiers de bord des navires chargés de munitions, soumis à la visite, indiqueraient comme lieu de destination un port neutre, et que, c'était ici le point principal, l'article 215 du Code de la marine marchande italienne disait que « les navires neutres chargés en tout ou en partie de contrebande de guerre, qui se

---

(1) *Journal de Droit international privé*, 1897, p. 850 et s.

dirigent vers un port ennemi seront capturés et conduits à un port de l'État où les navires et les marchandises de contrebande seront confisqués. » Donc ce
texte par lui-même excluait, semble-t-il, l'application
de la théorie de la continuité du voyage et il paraissait
évident, qu'en se basant sur cette même législation, le
Dolwyk ne pouvait être saisi, sa destination étant un
port neutre.

Néanmoins la commission prononça la légitimité de
la capture du navire et de son chargement et déclara
que c'était plutôt à la destination du chargement qu'à
celle du navire qu'il fallait s'attacher, pour décider si
les marchandises transportées doivent être considérées
ou non comme contrebande de guerre.

Le jugement mérite en ce point d'être signalé,
car il tire ses arguments de la théorie de la continuité du voyage, qu'il modifie et étend à son gré. « De
même que les armes et les munitions destinés à des
belligérants, déclare-t-il, ne cesseraient d'être dirigés
sur l'ennemi, par cela seul que, à raison de quelque
circonstance particulière, elles auraient dû, en chemin,
être transbordées sur un autre navire neutre, de même
elles ne cessent pas d'être dirigées vers l'ennemi par
cela seul qu'une partie de la route pour atteindre le
belligérant ne peut se faire par mer, mais doit nécessairement se faire par terre et avec des véhicules ter-
restres. »

Suit une distinction aussi ingénieuse que subtile sur

les intentions du législateur italien, qui, s'il avait voulu exclure l'hypothèse de l'atterrissage sur un territoire neutre situé entre la mer et le territoire ennemi, aurait dit « dirigés vers un port ennemi (*dirette ad uno porto nemico*) », tandis qu'au contraire, parlant de la direction vers un pays ennemi (*paese nemico*), il avait montré qu'il « reconnaissait le caractère de contrebande de guerre, dans la destination intentionnelle et finale des marchandises qui la constitue, et non dans la destination matérielle et immédiate du navire qui les transporte au point où il doit nécessairement s'arrêter pour que ces marchandises puissent arriver aux belligérants ».

Après la restriction apportée à la liberté commerciale des neutres par la doctrine américaine, l'interprétation donnée à la théorie de la continuité du voyage dans l'affaire du *Dolwyk*, rendait cette liberté encore plus précaire. Le trafic des marchandises pouvant être considérées comme contrebande, se trouvait atteint, non seulement par une guerre maritime, mais même dans une guerre continentale : si encore la théorie de la continuité du voyage devait s'appliquer exclusivement aux objets qui sont employés pour la guerre : mais la notion de contrebande est vague et les prohibitions varient suivant chaque État. Il eut été à souhaiter que la solution donnée par la commission des prises italiennes dans l'affaire du *Dolwyk*, fut restée à l'état d'exception. Mais cette même théorie ne tarda pas à être reprise par l'Angleterre en guerre avec le Transvaal.

Attitude de l'Angleterre lors de sa guerre contre les républiques sud-africaines.

Pour atteindre plus efficacement son adversaire et sous prétexte qu'il recevait du port de Lourenço-Masquez des munitions et des approvisionnements pour son armée, l'Angleterre n'hésita pas à capturer des navires neutres qui se dirigeaient sur cette dernière ville, aussi fit-elle pour le *Bundesrath*, le *Hans-Wagner* le *Hertzog* le *Général*, le *Maria*, et les vapeurs *Béatrice* et *Maschona*, pour ces deux derniers, comme le fait remarquer M. Despagnet (1), étant donné que les vaisseaux étaient de nationalité anglaise, la Grande-Bretagne pouvait évidemment leur interdire tout commerce avec l'ennemi, mais la question de la validité de la saisie des marchandises neutres n'en subsistait pas moins.

Cependant, il semble que l'Angleterre, pour plusieurs causes, n'eut pas dû agir ainsi. La doctrine britannique, telle qu'elle est consignée dans le manuel des prises, n'admet la présomption de voyage continu, que pour le cas de fraude caractérisé quand le même navire se rend à un port neutre pour parvenir de là à un port ennemi. De plus, elle avait protesté lors de la capture du *Springbok*, et ses juriconsultes avaient énergiquement condamné la doctrine américaine, et pourtant cette

(1) Despagnet. Chronique des faits internationaux. *R. G. D. I. P.*, t. vii, 1900, p. 805 et s.

doctrine ne s'appliquait alors qu'aux transports par mer.

Elle s'était également opposée à la prétention qu'avait eue, en 1885, le gouvernement français de saisir les navires anglais se rendant à Iong-Kong ; elle avait invoqué alors le droit des neutres de voyager librement et sans contrôle vers un port neutre.

Mais ce qui ajoutait encore au caractère arbitraire des actes de cette puissance, c'était le fait que certains vaisseaux saisis par elle, ne transportaient que ces chargements essentiellement pacifiques, tels que des farines, graines, conserves, etc., et qu'elle prétendait les traiter comme contrebande absolue, alors que sur ce point encore, elle eût dû se souvenir qu'elle avait plaidé, en tant que neutre, une doctrine toute différente.

Devant de semblables procédés, les États dont les ressortiments se trouvaient lésés, adressèrent de vives représentations au gouvernement britannique ; celui-ci, en présence du mécontentement général soulevé par son attitude, jugea prudent de céder, au moins en partie, et se rallia alors à la doctrine américaine qui classe les vivres dans la catégorie des objets de contrebande conditionnelle. Mais si il céda sur la question de fait, il évita de s'expliquer sur le principe même du droit des neutres de transporter à un port neutre proche du théâtre des hostilités, des marchandises qui ne sont pas contrebande de guerre. Il est vrai qu'elle avait même omis de déclarer ce qu'elle considérait comme contrebande.

Mais ce qui est aussi à remarquer, c'est que, comme le

dit M. Despagnet, « ni devant les tribunaux de prises ou dans les négociations engagées entre le gouvernement britannique et les gouvernements des pays neutres dont les navires ont été capturés, la question de la légitimité même de la visite en pareil cas n'a été soulevée. La doctrine de la continuité du voyage avec cette aggravation que la seconde partie de ce voyage devait se faire par voie de terre en pays neutre, comme dans le cas du *Dolwyk*, semble donc être entrée sournoisement mais sûrement dans la pratique internationale » (1).

Les partisans de cette extension de la théorie de la continuité du voyage ont argué de la situation de fait où se trouvait un état sans débouchés sur la mer.

Un État dans cette situation, disent-ils, pourrait donc recevoir, grâce à sa position purement continentale, des marchandises de contrebande en abondance, d'un port neutre proche de son territoire. Cet état de choses constituerait un privilège inadmissible et l'interdiction faite aux neutres de ne pas se livrer au transport de la contrebande de guerre serait alors un vain mot.

Une semblable opinion part d'un point de vue un peu trop particulier ; il serait plus juste de considérer que l'état continental se trouve, en cas de guerre, dans une situation d'infériorité manifeste, quant à la réception des marchandises de contrebande. Non seulement il ne lui est pas loisible d'empêcher son ennemi de recevoir

(1) Despagnet. *Op. cit.*, p. 807.

des objets généralement prohibés comme contrebande, mais encore, ces mêmes marchandises ne lui parviennent qu'indirectement, à travers un territoire neutre, dont le gouvernement peut prêter plus ou moins de facilité à laisser s'effectuer de semblables transports, si toutefois, il ne leur refuse pas le passage, de crainte d'être lui-même impliqué dans les hostilités.

En approuvant un semblable procédé, il faut reconnaître franchement que l'on obéit à son seul intérêt et au désir de terminer le conflit coûte que coûte, mais il ne faut point invoquer des principes de droit, ni chercher à donner un caractère de légitimité à une semblable doctrine.

III. — CRITIQUE DE LA NOTION DE LA CONTINUITÉ DU VOYAGE.

M. Fauchille, dans un article intitulé : « la théorie du voyage continu en matière de contrebande de guerre », dénonce avec une grande netteté les vices d'une semblable théorie. On peut dire, en effet, qu'elle n'est pas basée sur des principes de droit, mais qu'elle repose sur une simple fiction, or les fictions ne conviennent pas au droit international ; elle est contraire aux règles admises en droit pénal, on ne saurait réprimer la seule intention d'un délit, il faut un élément matériel. Est-ce une application du droit de légitime défense, mais ce droit suppose un péril actuel, or la doctrine de la continuité du voyage telle qu'elle est admise aujourd'hui, n'est basée que sur une simple présomption d'intention, car elle autorise la saisie des articles de contrebande dans la première partie du voyage, alors que le navire neutre se rend à un port neutre, dans la supposition que ceux-ci seront plus tard remis à l'ennemi.

De plus saisir une marchandise, malgré la preuve formelle qu'elle va à un port neutre, n'est-ce pas ériger en règle l'intention frauduleuse chez le commerçant neutre ; n'est ce pas admettre à titre de présomption légale, la violation des devoirs de neutralité. Et cependant, c'est un principe certain que la fraude ne se présume pas.

« En définitive le système élève le soupçon du belligérant à la hauteur d'un principe juridique (1). »

L'Institut de Droit international et la théorie de la continuité du voyage.

L'Institut de Droit international fut amené, en s'occupant de la réglementation de la contrebande de guerre, à envisager la question de la continuité du voyage (session de Venise).

---

(1) Fauchille. *Théorie du voyage continu en matière de contrebande de guerre.* R. G. D. I. P., année 1897, p. 297.

Il convient de remarquer que, sur ce point, les avis de ses membres furent loin de concorder.

L'article premier, alinéa 2, déclare que : « la destination pour l'ennemi est présumée lorsque le transport va à l'un de ses ports ». Mais il fallait prévoir le cas où il y aurait fraude et où les neutres pour éviter la saisie, feraient par exemple un détour pour faire parvenir la contrebande à sa destination finale.

Ce fut sur cette rédaction que porta la discussion. M. Desjardins hostile à la théorie de la continuité du voyage, trouvait que le texte ainsi présenté « la destination pour l'ennemi est présumée lorsque le transport va à l'un de ses ports ou bien à un port neutre qui, d'après des preuves évidentes et de fait incontestable, n'est qu'une étape pour l'ennemi, comme but final d'une même opération commerciale » n'était pas assez catégorique et proposait de ne considérer les objets comme contrebande de guerre qu'autant que la destination à un port neutre constituerait une « fraude pour tromper les belligérants sur la véritable destination du chargement. »

C'était exiger une preuve directe de la destination, en écartant les présomptions fondées sur des probabilités, tant que la fraude ne sera pas prouvée, la marchandise devra être considérée co_mme innocente.

M. Westlake, au contraire, est d'une opinion toute différente. Il se montre partisan de la formule adoptée par le texte originaire et il fait remarquer que souvent le fait d'aller en premier lieu dans un port neutre n'a pas pour but de tromper l'ennemi, mais seulement de transférer la marchandise sur un vaisseau mieux approprié.

MM. Fusinata Catellana et Buzzati estiment que l'amendement, en exigeant la preuve formelle de la fraude, écarterait les cas où la contrebande serait envoyée dans un port neutre, non pour tromper le belligérant, mais parce que l'ennemi n'avait pas de débouchés sur la mer (1).

Ainsi pour ces jurisconsultes, il y aurait en pareil cas une présomption telle, qu'elle pourrait être assimilée à une preuve évidente et de fait incontestable et leur adhésion retire par cela même à ce texte sa première signification qui semblait être une condamnation de la règle de la continuité du voyage.

En somme, déclare avec raison M. Despagnet, la question n'a pas été directement résolue ni même abordée par l'Institut : le texte qu'il a adopté, bien qu'excluant, semble-t-il, la théorie du voyage continu dans tous les cas, même quand il s'agit de contrebande expédiée à un port neutre pour parvenir par voie de terre à un pays ennemi non maritime, a été voté dans une pensée très différente pour chacun des membres, les uns écartant la continuité du voyage, les autres l'acceptant toujours pour la contrebande de guerre,

(1) *Annuaire*, t. xv, 1896, p. 218 et s.

d'autres dans le cas seulement où cette contrebande est envoyée à un port neutre pour être expédiée à un état belligérant qui n'a pas de débouché sur la mer (2).

Si donc on considère la règle de la guerre de Sept Ans, la théorie de la continuité du voyage de Lord Stowell et la théorie actuelle de la continuité prospective, comme l'appelle Travers-Twiss, on constate qu'il ne reste plus rien de l'ancienne doctrine. D'une règle visant un cas tout spécial, elle a été transformée en une loi générale qui met entre les mains des belligérants une arme redoutable pour limiter la liberté du commerce des neutres.

Ce qu'il y a de plus regrettable, c'est que les puissances semblent en avoir admis le principe avec toutes ses extensions et que la doctrine en partie du moins s'est ralliée à cette façon de voir.

(2) Despagnet. *R. G. D. I. P.*, année 1900, p. 809.

CHAPITRE II

DE QUELQUES PROBLÈMES RELATIFS A LA CONTREBANDE DE GUERRE

—

I. — De l'obligation pour les belligérants de notifier aux neutres, au début des hostilités, les objets qu'ils considéreront comme contrebande de guerre.

II. — Du projet d'extension des devoirs des neutres en temps de guerre.

I. — DE L'OBLIGATION POUR LES BELLIGÉRANTS DE NOTIFIER AUX NEUTRES, AU DÉBUT DES HOSTILITÉS, LES OBJETS QU'ILS CONSIDÉRERONT COMME CONTREBANDE DE GUERRE.

Au début d'une guerre se pose pour les neutres une question de la première importance : Quelles seront les marchandises dont le transport sera réputé fait de contrebande.

Etant donnée la confusion qui règne en cette matière, il est impossible de présumer quel sera le caractère et l'étendue des interdictions prononcées. Chaque nation s'arroge, en effet, le droit de déclarer quels objets elle entend prohiber en se réservant la faculté de compléter ultérieurement si besoin est, la liste des objets qualifié contrebande, de plus, pour une même nation, ainsi que j'ai déjà eu l'occasion de le dire, en étudiant les différentes législations, les règles adoptées varient suivant qu'elle les a rendues, en tant que neutres ou en tant que belligérantes et de plus selon les adversaires qu'elle a à combattre.

Il faut tenir compte également de ce prétendu droit d'interdire le trafic de tout ce qui pourrait être utile à l'ennemi.

Vu cet état de choses, une puissance peut-elle se dispenser de faire connaître la nomenclature des objets qu'elle entend prohiber.

Avant d'aborder le fond même du sujet, je vais examiner quelle fut, à cet égard, la pratique suivie lors des grandes guerres de la fin du XIXᵉ et du début du XXᵉ siècle.

En 1877, pendant le conflit russo-turc, un ukase publié par le *Journal de Saint-Pétersbourg*, le 14-26 mai 1877, déclarait quelles étaient les règles que le gouvernement impérial entendait suivre pendant la durée des hostilités (1).

En 1898, lorsque éclata la guerre hispano-américaine, ces deux États firent également connaître la liste

_____

(1) Voir *Revue de Droit international*..... Bruxelles, 1877, p. 136, art. 4.

des objets qu'ils considéreraient comme contrebande de guerre ; l'Espagne, par une déclaration contenue dans l'article 6 du décret du 24 avril 1898 (1), les États-Unis, un peu plus tard, le 20 juin, dans les instructions données par le ministère de la Marine (2).

A l'occasion des hostilités qui éclatèrent en 1904 entre la Russie et le Japon, ces deux États publièrent des règlements qui, surtout en ce qui concerne la déclaration faite par la Russie, donnèrent lieu, comme nous l'avons vu, à de vives critiques.

J'ai réservé, pour la citer en dernier, la guerre anglo-transvaalienne, car c'est justement à propos de celle-ci que se posa la question de savoir, si un belligérant peut se dispenser de faire connaître aux neutres, les marchandises qu'il entend considérer comme contrebande de guerre.

L'Angleterre garda, en effet, sur ce point, un silence absolu ; cependant cette question avait, en l'occurence, une réelle importance, étant donné les prohibitions arbitraires édictées mainte fois par cette puissance.

Mais cette absence de notification n'empêcha pas le gouvernement britannique d'exercer ses théories avec autant de rigueur, saisissant même des cargaisons de

---

(1) *Revue générale de Droit international public.* Chronique des faits internationaux. Guerre hispano-américaine, année 1899, p. 460.

(2) *Revue générale de Droit international public.* Chronique des faits internationaux. Guerre hispano-américaine. Instructions du ministère de la Marine des États-Unis, art. 19, p. 462 et 463.

farine, de conserves, et d'autres produits alimentaires à destination de Lourenzo-Marquez sur une simple présomption de reexpédition par voie de terre au Transvaal.

Une semblable attitude était-elle admissible ? Si l'on tolérait de semblables procédés, que deviendraient alors les règles les plus élémentaires du droit ? Et sur quel principe juridique un belligérant pourrait-il se fonder pour saisir et confisquer des marchandises dont le transport n'avait pas été interdit ?

Les neutres qui se livraient à ce commerce étaient en droit de croire, n'ayant reçu aucune notification de la part de la Grande-Bretagne, que le trafic qu'ils entreprenaient était autorisé ; pouvaient-ils être condamnés en de semblables conditions, pour avoir emfreint une défense qui ne leur avait point été faite.

Qu'un belligérant prétende, après avoir publié la liste des objets de contrebande, que nul ne soit censé l'ignorer, passe encore, mais, peut-il, sans aucune publication préalable, se saisir d'objets, surtout si ceux-ci ont un caractère nettement pacifique,

L'Angleterre a commis, en ce faisant, un acte absolument illégal et d'une extrème gravité. Il est insoutenable qu'avec de semblables procédés, une nation, quelle qu'elle soit, paralyse le commerce des neutres et provoque la stagnation des affaires entre ceux-ci et son adversaire.

Dans le conflit dont il s'agit, les intérèts engagés

étaient d'une importance relativement minime eu égard
à l'ensemble du commerce des États plaignants. Mais
une pareille attitude dans une guerre européenne amènerait, à n'en pas douter, la formation d'une nouvelle
ligue de Neutralité armée.

Avant de recourir à des moyens répressifs, ne vau-
drait-il pas mieux s'accorder sur ce point, en décidant
que, sauf pour les objets qui expressément faits pour la
guerre et y servant dans leur état actuel immédiatement
et spécialement (dont le transport serait dans tous les
cas prohibés), le trafic des autres marchandises serait
considéré comme libre s'il n'était intervenu au début de
la guerre aucune déclaration les rangeant avec ceux de
la première catégorie.

L'État, qui prononce une interdiction à l'encontre de
tel ou tel commerce, adopte à l'égard des neutres une
attitude nette : il est loisible aux autres États d'élever
à ce sujet de justes réclamations, s'ils se trouvent lésés.

En cet ordre d'idée on peut citer les représentations
faites par l'Angleterre et l'Italie, lors de la guerre hispano-américaine, auprès du gouvernement espagnol,
qui avait déclaré, considérer le soufre, comme contrebande de guerre ; elles réclamaient contre cette décision, l'une comme ayant en mains la presque totalité
du trafic de cette matière, l'autre en tant que sa principale productrice.

Telles furent encore les représentations de l'Angleterre et des États-Unis près du gouvernement russe

relativement aux prohibitions qu'il avait décrétées au
début de son conflit avec le Japon.

Si satisfaction était alors refusée aux neutres, libre à
eux de recourir aux armes, plutôt que de se plier aux
exigences arbitraires qu'un belligérant leur voudrait
imposer.

Mais quel que soit l'exagération des interdictions que
les belligérants peuvent édicter, rien n'égalerait les abus
auxquels conduisaient fatalement de nouvelles applica-
tions du précédent créé par l'Angleterre ; ce serait
faire dépendre le commerce neutre de l'unique bon
plaisir des belligérants, et revenir aux pratiques en
honneur aux époques les plus troublés de l'histoire.

II. — DE L'EXTENSION DES DEVOIRS DES NEUTRES EN TEMPS DE GUERRE.

Nous allons ici envisager la question de savoir, s'il
serait désirable d'admettre une réglementation de la
notion de contrebande de guerre basée sur une extension des devoirs des neutres et l'obligation pour les
États en paix, de prohiber comme délit de neutralité,
la vente sur leur territoire et le transport vers l'un
des belligérants d'objets réputés contrebande.

Tout d'abord, il importe de faire une distinction qui
n'a pas été marquée souvent avec assez de clarté ; en

parlant des droits et des devoirs des neutres en temps de guerre, certains auteurs ont laissé planer une confusion qu'il est nécessaire de dissiper.

Par cette expression « neutres », on peut entendre, soit les États, soit les particuliers sujets de ces États. Or, leurs devoirs ne sont pas les mêmes, surtout en ce qui concerne la vente et le transport des marchandises de contrebande.

Pour un État neutre, livrer des armes et des munitions de guerre, c'est violer au premier chef les devoirs de neutralité, c'est prendre parti pour un des belligérants et s'exposer aux représailles de son adversaire, qui se considère à juste titre comme lésé.

Au contraire, pour les sujets d'un État neutre, le fait de vendre et de transporter de la contrebande de guerre est un acte commercial, qu'ils entreprennent à leurs risques et périls, et n'a d'autre conséquence que la confiscation de la cargaison et quelquefois du navire, en cas de saisie.

La responsabilité de l'État n'est aucunement engagée par les faits et gestes de ses ressortissants.

Sur ce point la doctrine et la pratique sont généralement d'accord. Cependant à différentes époques, certains gouvernements et aussi certains publicistes ont réclamé l'application de règles tout opposées.

La neutralité, telle qu'elle doit être admise actuellement, ont-ils dit, avec le développement pris par le droit international, ne peut se borner à l'observation d'une stricte impartialité; une simple abstention est insuffisante ; des devoirs plus impératifs sont devenus nécessaires ; non seulement l'État doit se se conformer scrupuleusement aux principes de la neutralité, mais il doit contraindre ses sujets à en faire de même. Les gouvernements neutres seraient donc, en vertu de cette interprétation nouvelle, tenus de prohiber le commerce de contrebande de guerre, en un mot, de prévenir, réprimer et punir toute infraction à ces règles, leur propre responsabilité serait sur ce point engagée vis-à-vis des belligérants.

On ne saurait trop insister, avant de discuter le fonds même du sujet, sur la nécessité de la réalisation préalable d'une condition qui rend la possibilité d'application de cette théorie très hypothétique.

Il ne suffirait pas que les États s'entendent sur la notion même de contrebande de guerre et suppriment d'un commun accord les contrebandes relative et occasionnelle ; mais il faudrait encore qu'ils établissent une liste des objets dont le commerce devrait être interdit en temps de guerre entre les neutres et les belligérants, liste assez explicite pour ne prêter à aucune discussion, à aucun malentendu possibles.

Or, comme l'a fait remarquer Westlake (1), une telle

---

(1) Westlake. Est-il désirable de prohiber la contrebande de guerre. *Revue de Droit international*, 1870, p. 631. Voir en outre Despagnet. « Mais cette proposition rigoureuse (proposition de M. Kleen sur le devoir des neutres), discutable en théorie, n'a guère de chance pra-

liste « compte parmi les matières sur lesquelles l'expérience du passé nous autorise le moins à espérer un assentiment unanime, on peut être persuadé que si l'on parvenait à s'entendre sur la rédaction d'une liste dont l'objet serait celui que nous discutons et qui tend plutôt à augmenter qu'à limiter les obligations relatives à la contrebande, cette liste serait très longue et offrirait un caractère extrêmement onéreux.

Ceci dit et sans nier que la question de contrebande n'ait besoin d'une solution, envisageons si celle présentée par les partisans du droit des neutres en général, et Kleen en particulier, est désirable et même seulement applicable.

Après avoir montré tous les inconvénients du système actuel, Kleen (1) développe avec beaucoup d'habileté une théorie qui, de prime abord, paraît acceptable. Je n'entrerai point dans les détails de ses arguments dont certains, en eux-mêmes, sont très discutables, je m'attacherai uniquement à montrer les conséquences qu'entraînerait l'adoption d'une semblable doctrine consistant à transformer une affaire privée en affaire d'État.

Cet auteur établit un rapprochement entre des actes tels que les enrôlements, armements, équipements, faits

---

tique à cause de la difficulté de contrôler les actes des particuliers et aussi la préoccupation des États de ne pas apporter d'entrave à l'industrie et au commerce de leurs nationaux. » *Revue général de Droit international public.* Chronique des faits internationaux, année 1900.

(1) Kleen. De la contrebande de guerre. *Devoirs des neutres*, p. 43.

provisoirement les ports du pays soi-disant incapable
de faire respecter les règles du droit international.

Il est vrai que Kleen (1) suppose dans les rapports
internationaux une courtoisie et une bonne foi qui n'y
règnent pas toujours. Il s'attend à voir les États neutres
n'épargner ni leur temps ni leur peine pour satisfaire
aux règles imposées par la neutralité : de leur côté, les
belligérants n'émettraient aucune prétention exagérée
et sauraient reconnaître les efforts faits par les nations
pacifiques, même s'ils n'étaient pas couronnés de
succès.

« La neutralité, déclare-t-il, est maintenue du
moment que l'État neutre défend le trafic de contrebande et exécute la défense autant qu'il peut, en pré-
venant, empêchant, poursuivant et réprimant les transports défendus : en un mot agit de bonne foi. »

Et plus loin (2). « Dans ce domaine comme dans les
autres, on n'exigera d'aucun gouvernement l'impossible. On ne déclarera pas la guerre à un gouvernement
pour avoir négligé de punir la vente d'une seule balle,
on exigera seulement qu'il agisse de bonne foi et qu'il
fasse de son mieux, et avant de procéder contre lui à
des mesures de rigueurs on aura recours à des moyens
de revendications plus modérés. »

Kleen commet, à mon avis, une grave erreur en con-

---

(1) Kleen. *De la Contrebande de guerre*, p. 56.
(2) Kleen. *De la Contrebande de guerre*, p. 72.

sidérant, sous un angle pareil, les rapports des nations entre elles. Surtout au moment des hostilités, les esprits sont surexcités non seulement chez les belligérants. mais même parmi les neutres, qui prennent eux-mêmes intérieurement parti, suivant leurs intérêts ou leur sympathie, pour l'un ou l'autre des États en lutte. Ceux-ci sont tentés d'interpréter toute relation des États neutres avec leur adversaire comme n'ayant d'autre but que de leur porter préjudice. Que serait-ce s'ils pouvaient arguer de la prétendue violation d'un droit?

Les États neutres d'autre part, s'ils étaient puissants, pourraient objecter aux représentations du belligérant leur demandant compte du trafic de contrebande qui s'opère par leurs ports, qu'ils ont fait leur possible pour l'entraver, et, force sera au plaignant de se considérer comme satisfait, s'il ne veut entreprendre une guerre nouvelle.

Si ce sont, au contraire, des États faibles, ils devront céder à des réclamations, mêmes injustes, ou s'exposer à se voir traiter en ennemis.

C'est pourquoi, en un mot, il serait excessivement dangereux de donner aux États neutres une responsabilité si étendue et les charger d'une prohibition qu'il serait trop aisé d'enfreindre ; les particuliers étant d'autant plus tentés de tourner la loi que le gain serait plus grand.

Orienter dans une semblable direction les règles du Droit international serait plus néfaste pour la paix du neutre comme saisissable et confiscable à merci ; car les questions soulevées par la répression des faits de contrebande, les saisies, les confiscations de navires et de cargaisons revêtent du fait même de la divergence d'opinion régnant sur cette notion de la contrebande, un caractère d'arbitraire qui influe fâcheusement sur les relations internationales : et en outre ces questions mettent en jeu deux ordres de considérations sur le chapitre desquels les peuples se montrent intransigeants.

L'une, dont il faut de plus en plus tenir compte, est le sentiment d'amour-propre, d'orgueil national qui fait qu'un pays supporte malaisément ce qu'il considère comme une atteinte à son honneur.

Je n'insisterai pas sur l'influence prise en cette matière par la rapidité de transmission des nouvelles et les informations de presse. Toujours est-il que les esprits, frappés au vif par l'événement de date toute récente dont l'annonce leur est faite, s'émeuvent facilement et cette nervosité de l'opinion publique oblige parfois les gouvernements à céder au courant, et, à prendre parti dans la lutte si réparation ne leur est pas accordée. Un autre facteur à considérer, d'une importance plus grande encore, est la nécessité pour les États de sauvegarder leurs intérêts commerciaux, de conserver leur situation économique, en un mot de garder leur rang parmi les autres puissances.

Un écrivain anglais, Lawrence, a étudié dans un fort

intéressant article la rôle prépondérant joué actuellement par les questions commerciales dans la politique
internationale. Je vais en citer quelques passages parmi
les plus saillants.

« Le premier enseignement, que fournit la lutte qui
se déroule en Extrème Orient, est que la notion de
contrebande de guerre, telle que la comprend de nos
jours le Droit international, donne aux belligérants à un
degré excessif le pouvoir de harceler le commerce des
neutres. Il existe en effet les plus grandes divergences
entre les États sur les marchandises que l'on peut considérer comme objets de contrebande », d'où un danger
pour la paix... « La guerre d'Extrème-Orient a encore
mis en relief un autre fait, c'est que le principe sur
lequel on est généralement d'accord en matière de contrebande de guerre, est celui qui est le plus propre à
provoquer les conflits : je fais allusion au droit reconnu
aux belligérants, de prohiber, au début de chaque
guerre, une liste de marchandises, qu'ils entendent
traiter de contrebande, de la reviser et de l'augmenter
de temps en temps, pendant la durée des hostilités. Ce
droit qui n'est pas douteux, se trouve dans la réalité en
présence d'un droit également incontestable qui appartient aux neutres : celui de présenter des objections, à
l'occasion des objets qualifiés contrebande, et de
demander des compensations, pour les pertes que la
confiscation de ces objets a causé à leurs nationaux.

Or ces deux droits supposent des intérèts opposés et

naturellement se heurtent. Un belligérant tant soit peu fort sur mer, désire toujours étendre à l'extrème la liste des marchandises de contrebande.

Les neutres qui font un grand commerce maritime s'efforcent au contraire de la restreindre le plus possible de là des controverses qui surgissent entre les États et et peuvent les amener à la guerre. Et un semblable danger loin de diminuer dans l'avenir ira toujours en augmentant (1) ».

« Le commerce, ainsi que le déclare avec raison Lawrence, n'est plus maintenant dans les relations internationales, un facteur entièrement pacifique. »

De plus ces deux causes de conflit se confondent souvent et donnent par cela même au différend un caractère de plus grande acuité ; je n'en veux citer que deux exemples :

Lors de la guerre du Transvaal et de la capture des paquebots allemands par les croiseurs de la Grande-Bretagne, les sentiments de la nation germanique furent irrités non seulement par le préjudice réel que son commerce venait de subir, mais encore par ce fait qu'elle croyait voir, dans la saisie opérée par les vaisseaux d'une puissance que l'Allemagne cherchait à supplanter sur le marché mondial, un acte inspiré spécialement par le désir de lui nuire.

(1) Lawrence. *Revue général de Droit international public* — La question de la contrebande de guerre. Un danger pour la paix. Année 1905, t. xii, p. 5 et s.

Aussi pour apaiser l'exaspération de l'opinion publique, fallut-il l'assurance que de vigoureuses représentations, des remontrances sérieuses avaient été faites à l'Angleterre. Et le discours énergique que M. de Bulow prononça au Reichstag, où il flétrit la brutalité et l'arbitraire montrés par les Anglais à cette occasion, reçut en Allemagne l'approbation générale.

Plus récemment encore, durant le conflit russo-japonais, lors de la capture des vaisseaux *Arabia* et *Calchas*, sir C. Hardinge, ambassadeur à Saint-Pétersbourg, reçut du Cabinet de Londres, l'ordre d'insister énergiquement auprès du comte Lamsdorff, pour obtenir, à ce sujet, des explications satisfaisantes. Voici en quels termes sir Hardinge rend compte à lord Lansdowne de l'entrevue qu'il eut avec le ministre russe... « I told count Lamsdorff that I regretted very much that no decision had yet been taken tending to relieve the present tension, and I, urged upon him the importance of dealing, with the matter promptly. The position of Bristish commerce was already seriously compromised, *but what rendered the situation even* MORE GRAVE *was the apparent discrimination which was being made in favour of french and german vessels, and to the detriment of Bristish shipping.* I pointed out that the *Arabia* and *Calchas* had been arrested by the Vladivostock squadron during the same cruise, and that although the *Arabia* had been released three of four days after her capture the *Calchas* had been already detained three weeks at Vladivostock and was still under arrest at that port, and yet the circumstances of the two cases were practically identical. It had also not escaped my notice that while the *Petersburg* and *Smolensk* had been cruising in the Red sea the vessels of the Messageries maritimes had been free from any molestation, and that so far I had not heard of any French ships being stopped and examined by a Russian cruiser. Id had also been reported that in one case at least a pass had been given to a german vessel by the Russian consul at Suez. These facts, though insignificant in themselves, and possibly capable of explanation, had given risè to the indea in British mercantile circles that there was an organized differentiation between Bristish and other neutral vessels, and this apparent discrimination, while entailing considerable loss on the shitting community, had made the very worst possible impression ou public opinion in England, of wich I felt sure that count Benckendorff, must have already informed his Excellency (1). » Saint-Pétersbourg, 27 août 1904.

Ces deux exemples ne sont-ils pas la meilleure preuve de la vigilance déployée par les différents gouvernements dès que de semblables questions sont en jeu et partant des graves complications qui pourraient en résulter.

___

(1) *Correspondance respecting contraband of war in connection with the Hostilities Between Russia and Japan*, p. 17, note 26.

Dans la recherche de débouchés pour leur commerce, les États se livrent une lutte sourde implacable et sans répit; lutte qui menace souvent de dégénérer en conflit armé, il serait sage de ne point leur fournir un nouvel élément de discorde.

Demander aux belligérants un renoncement volontaire à leur prétendu droit de prohibition, serait attendre de leur part un esprit de justice et une modération dont ils n'ont guère fait preuve jusqu'ici.

Ce n'est que d'une décision prise en commun, d'une entente raisonnée entre les puissances que peut résulter une amélioration du sort du commerce des neutres.

Mais sur quel point peut-on espérer qu'une entente s'établira ?

Il est de toute évidence qu'en semblable matière l'on ne peut tabler sur une marche rapide dans la voie du progrès.

Pour devenir réellement efficaces, il faut que les modifications réalisées dans les relations internationales reçoivent l'adhésion de la grande majorité des puissances. Or, parmi celles-ci, il en est, et non des moindres, qui ne sont guère soucieuses d'aliéner leur liberté d'action. Dans certains cas, l'avenir d'une nation dépend d'un coup de force, d'un acte plus ou moins régulier au point de vue du droit: ainsi, l'attaque sans déclaration de guerre préalable de l'escadre russe mouillée à Port-Arthur dans la nuit du 8 au 9 février 1904 par les torpilleurs japonais, attaque qui désorganisa la flotte russe et eut une incalculable influence sur le cours des événements, n'est pas exempte de toute critique. Aussi les États hésitent-ils avant de s'engager par un acte contractuel dont la violation pourrait amener pour eux de graves complications. On ne peut donc songer à conclure sur une question aussi confuse que la notion de contrebande de guerre, en présence de législations si diverses, un accord qui satisfasse en tout point aux exigences de la conscience internationale et qui ne comprendrait, dans la notion de contrebande. que les objets faits exprès et spécialement pour la guerre.

L'intérêt du belligérant régit souverainement cette matière et il peut être pour le moins aussi conforme à cet intérêt de prohiber le transport à l'adversaire d'articles tels que la houille, que celui des armes et munitions de guerre.

On ne peut donc envisager comme réalisable actuellement la suppression de la contrebande relative. Mais il est une pratique dont la condamnation s'impose, vu les abus qu'elle favorise ; c'est celle de la contrebande occasionnelle, et, si elle ne pouvait être définitivement rayée des actes permis aux belligérants, au moins faudrait-il, comme le propose Travers-Twiss, décider que les États qui désirent se réserver la faculté d'augmenter au cours des hostilités la liste des objets prohibés. devraient en faire déclaration avant la guerre, en indiquant quels articles ils entendent y ajouter.

Mais il est un point d'une importance capitale ; faudrait-il laisser aux belligérants liberté entière pour interdire le transport de toutes les marchandises qu'ils jugeraient utiles à l'ennemi. Je crois que non, car c'est surtout l'exagération où sont tombés les États en guerre, ne gardant aucune mesure dans leur prohibition, qui a causé la juste exaspération des neutres. Il serait donc nécessaire d'adopter une liste de tous les objets pouvant présenter un rapport avec la conduite des hostilités, c'est-à-dire de tous les objets d'usage double et seul pourrait être intercepté le trafic de ces articles. Cette liste serait révisable tous les dix ans, et même avant dans le cas d'une invention faisant entrer telle matière essentiellement pacifique jusqu'alors dans la composition d'un engin, d'un explosif quelconque, ou encore sur la demande de plusieurs puissances.

Il serait, de plus, entendu que tous ces objets ne pourraient être soumis qu'à un droit de préemption, la peine de la confiscation serait réservée à la contrebande absolue.

En ce qui concerne la théorie de la continuité du voyage, avec toutes les aggravations qu'elle comporte, elle semble s'être introduite et pour longtemps, dans la pratique internationale. La doctrine anglaise se montre en effet spécialement favorable à son maintien. Le refus de la Grande-Bretagne d'acquiescer à toute proposition tendant à la condamnation d'une semblable pratique est donc fort à craindre.

Telles sont, certaines modifications qui pourraient

je le crois, être apportées aux droits que se sont arrogés les belligérants ; il y a loin d'un tel projet à celui qui ne reconnaîtrait comme contrebande de guerre que la contrebande absolue. Ce n'est évidemment qu'un paliatif, mais il serait suffisant pour écarter, en donnant au commerce neutre des garanties indispensables, les dangers que feraient courir à la paix du monde la persistance de l'état de choses présent.

Vu :

Le Président,

RENAULT.

Vu :

Le Doyen,

Cⁿ. LYON-CAEN.

Vu et permis d'imprimer :

Le Vice-Recteur de l'Académie de Paris,

L. LIARD.

BIBLIOGRAPHIE

—

Azuni.— *Le Droit maritime de l'Europe*. Paris, 1805.

Barclay.— De la responsabilité des États neutres relativement aux actes de leurs concitoyens. *Revue de Droit international et de législation comparée*, 1901.

(Van) Bynkershœck.— *Questionum juris publicis*. 1737.

Bury.— La neutralité suisse et son observation durant la guerre actuelle. *Revue de Droit international.. ...* 1870.

Despagnet.— Chronique des faits internationaux. *Revue générale de Droit international public*, 1900.

Dupuis. — L'institut de Droit international (session de Venise). *Revue générale du Droit international public*, t. III.

Fauchille.— Théorie du voyage continu en matière de contrebande de guerre. *Revue générale du Droit international public*, 1897.

Gessner. – *Le Droit des neutres sur mer*. Paris, 1876.

Hautefeuille.— Du droit et des devoirs des neutres en temps de guerre maritime. Paris, 1849, 1868. — *Histoire..... du Droit maritime*. Paris, 1869.

Hershey.— *International Law and diplomacy of the russe japanese War*.

Holland. — Les devoirs des neutres dans la guerre maritime et les événements récents. *Revue de Droit international.....* 1905.

Hübner. — *De la saisie des bâtiments neutres*. La Haye, 1759.

Kleen. — *Lois et usages de la neutralité.* Paris. 1899-1901.

— *De la contrebande de guerre et des transports interdits aux neutres.* Paris, 1893.

Klüber. — *Droit des gens moderne de l'Europe.* Stuttgart, 1819.

Knight. — *Des États neutres au point de vue de la contrebande de guerre.*

Lawrence. — *The principles of international law.* London, 1898.

— *War and neutrality in the Fav East.* London, 1904.

— La question de la contrebande de guerre, un danger pour la paix. *Revue du Droit général du Droit international public,* t. xii, 1905.

Nagaoka. — La guerre russo-japonaise et le Droit international. *Revue de Droit international,* 1904.

Pérels. — *Manuel de Droit international maritime,* traduit par L. Arendt, 1884.

Philimore. — *Commentaries upon international law.* London, 1873.

Remy. — *Théorie de la continuité du voyage en matière de blocus et de contrebande de guerre.*

Subercazes. — *De la contrebande de guerre.*

Takahashi. — Hostilités entre la France et la Chine. *Revue de Droit international,* 1901.

Travers-Twiss. — *Le droit des gens ou des nations. Des droits et des devoirs des nations en temps de guerre,* traduction, Paris, 1889.

— *La theorie de la continuité du voyage appliquée à la contrebande de guerre et au blocus.* Paris, Amyot, 1877.

Westlake. — Est-il désirable de prohiber l'importation de la contrebande. *Revue de Droit international,* 1870.

Wiegner. — *Die kriegskonterbande in der volkerrechtswissenschaft und der staatenpraxis.* Berlin, 1904.

Woolsey. — *Introduction tho the study of international law.*
Londres, 1875.

_____

Annuaire de l'Institut de droit international.

Revue de Droit international et de législation comparée.

Revue générale de Droit international public.

Journal de Droit international privé.

Documents diplomatiques.

Correspondance respecting contraband of war in connection with the hostilites between Russia and Japan.

TABLE DES MATIÈRES

DEUXIÈME PARTIE

Imprimeries réunies du Centre, Blois. ?, rue Haute. — 2175.

CPSIA information can be obtained
at www.ICGtesting.com
Printed in the USA
BVHW041035210219
540828BV00009B/448/P